Sabine Sommerkamp
Die Sonnensuche

Sabine Sommerkamp

DIE SONNENSUCHE

Von Glasmenschen, Eiszeiten
und der Macht der Poesie

Mit Bildern von Irene Müller

Christophorus-Verlag · Freiburg i.Br.

„Sehen Sie, die großen Menschen, für die sich zum Beispiel die Glasmenschen halten, und auch viele Erwachsene sehen die Dinge von oben an und aus einiger Entfernung. Wir kleinen Wesen aber sehen die Dinge von unten, vom Grund aus und aus allernächster Nähe. Wir schauen nicht *auf* die Dinge, sondern *in* sie hinein. Wir sehen, hören, riechen, fühlen, schmecken sie mit all unseren Sinnen. Nur so werden sie sinn-voll. Wir nehmen sie mit unserem Herzen auf", bedeutete dem staunenden Nashi San die Biene Haru.

Der Weg zum Garten der Vier Jahreszeiten

Es war Winter. Der Wind strich durch die Spitzen der hohen Kiefern und trieb den Schnee wie Puderzucker vor sich her. Langsam brach die Dämmerung herein. In der Ferne landete eine Krähe auf einem kahlen Ast.

Nashi San war damit beschäftigt, das Feuerholz, das er an diesem Tag gesammelt hatte, auf seinen Schlitten zu laden. Eigentlich wäre es günstiger gewesen, es nicht erst jetzt aus dem Wald zu holen, sondern bereits im Herbst. Aber der starke Monsunregen hatte es auch in diesem Jahr unmöglich gemacht. Wer sich nämlich bei solch einem Wetter in den Wald wagte, konnte nur allzu leicht von den sturzbachähnlichen Regenfällen erfaßt und in den reißenden Gebirgsbach gespült werden, der talabwärts zu einem mächtigen Wasserfall anwuchs. Und eine solche Reise den Kegon-Wasserfall hinab endete in jedem Fall tödlich.

Nashi San lud die letzten Holzscheite auf. Im Grunde war diese Arbeit jetzt zu gefährlich für ihn, das wußte er. Im Sommer, da war natürlich alles ganz anders. Da rannte er den ganzen Weg hinab wie ein Wirbelwind vom Berghang dort drüben, wo sein Heimatdorf lag, bis weit nach unten ins Tal. Und wie sein Handwagen hinter ihm herpolterte! Er hatte dann auch kein Holz geladen, sondern süße, saftige Nashi-Früchte aus dem Garten seines Vaters. Diese verkaufte er auf dem Wochenmarkt – sofern sie bei dem Gerüttel und Geschüttel unterwegs nicht zu Nashi-Mus geworden waren. Aber jetzt war nicht Sommer, sondern Winter.

Nashi San seufzte. Nicht, daß er sich über seine Arbeit beklagt hätte. Nein, er war ja froh, daß er schon groß genug war, sie zu tun. Denn trotz seiner zwölf Jahre, muß man wissen, war er kleiner als die meisten Kinder seines Alters. Und je kleiner man ist, umso leichter kann man im Schnee steckenbleiben und erfrieren. Nashi San wäre nicht der erste gewesen. Sogar mehrere Erwachsene aus dem Dorf waren in den Vorjahren vom Holzholen aus dem Wald nicht zurückgekehrt. Man sagte, sie seien durch Erfrieren zu Glasmenschen geworden, die zerspringen, wenn sie fallen, oder schmelzen, wenn im Frühjahr mit wärmerer Sonne das Tauwetter einsetzt.

Nashi San wußte nicht so recht, ob er diese Geschichte glauben sollte, zumal er noch nie einen Glasmenschen gesehen hatte. Sicherheitshalber hatte er daher seinen Vater gefragt. Denn sein Vater, Matsuo Bashō, war ein großer Dichter, den jedermann im Lande kannte, und konnte in Sachen

Dichten und Erdichten am ehesten Auskunft darüber geben. Doch dieser hatte ihm darauf nur eine scheinbar ganz allgemeine Antwort gegeben:

„Folge der Sonne durch die vier Jahreszeiten,
nimm sie in Dich auf, dann wirst Du sehen!"

Nashi San hatte diese Worte nicht vergessen. Genausogut erinnerte er sich jedoch an das besorgte Gesicht seines Vaters, als sie auf das winterliche Holzsammeln im Wald zu sprechen kamen. Matsuo Bashō war zu alt und zu schwach für diese Arbeit. Ihr konnte jetzt nur Nashi San nachkommen. Seine Mutter war schon lange tot, sie starb kurz nach seiner Geburt, und Geschwister hatte er keine. Einen Winter ohne Holz, ohne das wärmende Feuer in der Nashi-Klause, wie sie ihre kleine Hütte liebevoll nannten, hätten jedoch weder er noch sein Vater lebend überstanden.

Auch an diesem Morgen hatte Nashi San versprochen, vorsichtig zu sein und sich ganz besonders vor der Hauptgefahr, dem Frost, in acht zu nehmen. Schließlich wollte er nicht zu einem Glasmenschen werden. Als Glasmensch, hatte er sich überlegt, konnte er der Sonne nicht durch die vier Jahreszeiten folgen und sie in sich aufnehmen, um zu sehen. Was immer das bedeuten mochte. Als Glasmensch wäre er dann ganz gewiß geschmolzen.

7

Als Nashi San mit dem Aufladen fertig war, war es merklich kälter geworden. Am Rande des breiten Schneefeldes, das den Wald mit dem heimatlichen Berghang verband, versank groß und rot die Sonne.

Ihre letzten Strahlen verwandelten den Schneestaub, den der Wind jetzt stärker von den Kiefern blies, in einen blitzenden Funkenregen. „Glasstaub!" schoß es Nashi San durch den Kopf. Er erschauderte. Prickelnd kalt legten sich die winzigen Eiskristalle auf sein Gesicht. „Ist das der Anfang? Wird man so zu einem Glasmenschen?" fragte er sich ängstlich.

Seine Angst wuchs, als er merkte, daß er kein Gefühl mehr in seinen Händen hatte. Sie waren eiskalt. Er hatte seine Wollhandschuhe kurzentschlossen ausgezogen. Sie waren ihm beim Aufladen hinderlich geworden. Vorsichtig schob er nun seine linke Hand unter die brusthoch zugeknöpfte Jacke und legte sie in die rechte wärmende Achselhöhle. Die rechte Hand hauchte er mit seinem warmen Atem von allen Seiten an. Zwar konnte er seine Finger jetzt wieder etwas bewegen, doch der Gedanke, daß er noch den ganzen Heimweg vor sich hatte, schürte seine Angst. Die Kälte nahm von Minute zu Minute zu. Bald würde es ganz dunkel sein. Ratlos blickte Nashi San zur sinkenden Sonne und hielt ihr seine Hand hin, so daß sie wie eine warm leuchtende Kugel auf seinem Handteller lag.

„Folge der Sonne durch die vier Jahreszeiten, nimm sie in Dich auf, dann wirst Du sehen!" hatte sein Vater ihm gesagt. Aber wie sollte er der Sonne folgen, wenn sie verschwand? Und wie konnte er sie in sich aufnehmen,

Ihre letzten Strahlen verwandelten den Schneestaub,
den der Wind jetzt stärker von den Kiefern blies,
in einen blitzenden Funkenregen.

wenn sie nicht mehr da war? Und wie würde er sehen können in der Dunkelheit, die danach kam?

Nashi San fühlte sich plötzlich hilflos und einsam. Er wußte nicht, wie weit der Weg zur Sonne war und daß man sie mit dem Herzen suchen mußte, um sie nicht nur von außen zu spüren, sondern auch von innen. Er wußte auch nicht, daß manche Menschen ihr ganzes Leben lang vergeblich nach der Sonne suchen. Sie folgen ihr mit den Augen, nicht aber mit dem Herzen. Zwar können sie die Sonne sehen, nicht aber fühlen. So sind sie kaltherzig, kaltherzig wie Glasmenschen.

Nashi San fror. „Was soll ich nur tun?" sprach er leise, zur Sonne gewandt. „Werde ich Dich nach dieser Nacht je wiedersehen, Du großer, schöner, roter Feuerball?" Er hielt inne. Das Wort „Feuerball" machte ihm Mut. Er vergaß plötzlich, daß er Angst hatte und fühlte sich wieder so unbeschwert und zuversichtlich, wie er immer war, außer wenn von den Glasmenschen gesprochen wurde. „Feuerball" – natürlich. Das war die rettende Idee. Er würde ein kleines Feuer machen und sich solange daran wärmen, bis ihm die Kälte auf dem Heimweg nichts mehr anhaben konnte.

„Folge der Sonne durch die vier Jahreszeiten,
nimm sie in Dich auf, dann wirst Du sehen!"

„Feuerball, Feuerball,
Du taust den Eiskristall!
Feuerball, Feuerball,
leuchte mir überall!
Im Garten und im Herzen
entzünde tausend Kerzen!
Feuerball, Feuerball,
Du taust den Eiskristall!"

summte Nashi San vergnügt vor sich hin und dachte dabei an seinen Vater, der diese Verse für ihn geschrieben hatte. „Ob er selber eines Tages wohl auch ein so großer Dichter sein würde wie sein Vater?" fragte er sich und schob mit einem Holzscheit geschwind den Schnee beiseite. Die Zeit drängte.

Da der Schnee hier unter den Bäumen kaum knöcheltief war und er für sein Feuer ohnehin nur ein kleines Plätzchen brauchte, war er im Nu fertig. Er wollte eben den Boden mit etwas Reisig auslegen, als er mit seinem Fuß an etwas Hartes stieß. Nashi San hielt es zunächst für eine Baumwurzel oder Kiefernzapfen, von denen es hier nur so wimmelte. Vorsichtshalber blickte er dann aber doch auf die betreffende Stelle und bückte sich. Vor ihm lag ein daumengroßer Schlüssel, der im letzten Licht der untergehenden Sonne gol-

Ob es damals wohl auch schon so kalt war,
daß zum Glasmenschen wurde,
wer nicht acht gab?

den leuchtete. Nashi San hob ihn erstaunt auf und betrachtete ihn von allen Seiten. Es war nichts Auffälliges an ihm, außer, daß er am Kopfende leicht verschnörkelt war und dadurch kostbar und alt wirkte. Jedenfalls kam es ihm so vor. Sogleich begann er nach einem Kästchen zu suchen, zu dem der Schlüssel passen mochte. Doch seine Suche blieb erfolglos. Wichtiger als die Suche war jetzt das Feuer, und so steckte er den Schlüssel in seine rechte Jackentasche. „Für alle Fälle!" dachte er. „Vielleicht kann ich ihn irgendwann einmal brauchen."

Der Platz, den Nashi San für das Feuer gewählt hatte, lag oberhalb einer kleinen Böschung, die nach rechts zu einer hohen, schneebedeckten Mauer hin abfiel. Niemand wußte so recht, was sich dahinter verbarg und wer sie gebaut hatte. Die einen meinten, Kaiser Go Daigo hätte sie vor mehr als dreihundert Jahren bauen lassen, um den kaiserlichen Garten von der Außenwelt abzuschirmen. Andere im Dorf erzählten, die Mauer sei Teil einer alten Burganlage der Samurai-Krieger, jener tapferen Ritter, die das Land zu jener Zeit mitregierten.

Nashi San blickte verträumt ins Feuer. Ob es damals wohl auch schon so kalt war, daß zum Glasmenschen wurde, wer nicht acht gab? Er dachte an den prächtigen Garten, von dem sein Vater ihm oftmals erzählt hatte, und wünschte sich in diesem Augenblick nichts sehnlicher als zwei Dinge: daß Sommer wäre und daß er ein so großer Dichter werde wie sein Vater.

Die Gartenmauer öffnet sich

Ein Geräusch riß Nashi San aus seinen Gedanken. Der Schnee am Rande der nahegelegenen Böschung war getaut und tropfte nun hinab. Das war noch nichts Ungewöhnliches, denn Nashi San wußte, daß Feuer Schnee und Eis zum Schmelzen bringt. Was ihn jedoch stutzig machte, war die Entdeckung, daß die weichende Schneedecke nicht ein Stück Waldboden freigab, sondern eine zur Mauer hinabführende Steintreppe. Neugierig stand er auf und stieg die drei schmalen, vereisten Stufen vorsichtig hinab.
Er befand sich nun direkt vor der hohen Mauer. Von nahem wirkte sie noch undurchdringlicher als von weitem. Der Schein des Feuers, der hier unten nur noch schwach anlangte, warf bizarre Schattenlinien auf das Gemäuer, so daß man meinen konnte, es wären Nischen und Erker darin. Nashi San wollte der Sache auf den Grund gehen und betrachtete die Mauer so eingehend, als wollte er sie mit seinen Augen durchdringen. Da begann es plötzlich vor

15

ihm zu rumoren. Gespannt legte er sein rechtes Ohr an die Mauer und schloß die Augen, um noch besser hören zu können. Drinnen ertönte ein leises Knirschen und Brechen wie im Frühling, wenn bei Tauwetter im Fluß oder in der Meeresbucht die Eisdecke bricht. Dann wurde es wieder ganz still. Nashi San öffnete seine Augen, die sich allmählich an das Dunkel gewöhnt hatten. Vor ihm waren jetzt die Umrisse einer Tür erkennbar.

Da er nur einen Türknauf mit einem kleinen Schlüsselloch darunter erblickte, nicht aber einen Türklopfer oder eine Klingelschnur, klopfte er leise an. Nichts rührte sich. Er wiederholte sein Klopfen, diesmal laut und bestimmt. Nichts. Als auch beim dritten Mal nichts geschah, schob er die Hände ratlos in die Jackentaschen. Er stutzte, besann sich einen Moment und zog seine rechte Hand dann blitzschnell wieder heraus. Lächelnd öffnete er sie: Da lag er, der Schlüssel, den er vorhin erst gefunden, aber fast schon wieder vergessen hatte.

Gespannt steckte er ihn ins Schlüsselloch. Er schien zu passen, ließ sich aber mit einer Hand nicht bewegen. Er versuchte es mit beiden Händen. Jetzt drehte er sich im Schloß – die Tür sprang auf. Geblendet vom hellen Sonnenlicht, das Nashi San plötzlich entgegenströmte, schwanden ihm die Sinne.

Drinnen ertönte ein leises Knirschen und Brechen
wie im Frühling, wenn bei Tauwetter
im Fluß oder in der Meeresbucht die Eisdecke bricht.

Nashi Sans Verwandlung und Begegnung mit der Biene Haru

Als Nashi San wieder zu sich kam, spürte er, daß es in seinem Körper knackte und knirschte, ähnlich wie eben noch in der Mauer. Obwohl ihm nicht kalt war, zitterte er wie Espenlaub. Rings um ihn her war es wieder ganz dunkel. Es dauerte eine Weile, bis er bemerkte, daß er unter einer großen blumenbestickten Decke lag.

Als das Rumoren und Zittern seines Körpers allmählich nachließ, tastete er vorsichtig Kopf, Arme und Beine ab. Es schien alles in Ordnung zu sein. Nur seine Kleidung fühlte sich anders an. Statt der dicken, groben Jacke meinte er, einen feinen, seidigen Stoff zu spüren. Aber genau konnte er es nicht sagen, weil er so etwas Kostbares noch nie selber gesehen hatte. Er kroch unter der Decke hervor. Ja, der Anzug, den er trug, war fast weiß. Er glänzte in der Sonne, die direkt auf seinen Kopf schien. Nashi San blickte sich um. Er befand sich in der Nähe der Gartenmauer, deren Tür jetzt wieder geschlos-

Als das Rumoren und Zittern seines Körpers
allmählich nachließ, tastete er
vorsichtig Kopf, Arme und Beine ab.

sen war. Vor ihm lag ein Buch, das er zu seinem Erstaunen als sein eigenes Notizbuch erkannte. Da es klein und handlich war, trug er es stets bei sich, selbst dann, wenn er zum Holzholen in den Wald ging.

„Merkwürdig", dachte Nashi San und sah nach oben. Über ihm wölbte sich ein blauer, fast wolkenloser Himmel. Die Luft war erfüllt von tausenderlei Düften. „Merkwürdig", dachte er wieder, als er zur Gartenmitte blickte. „Wir leben so nah am Wald, aber solche Bäume habe ich noch nie gesehen. Grün und flach jeder einzelne Stamm, spitz am Ende, ohne Zweige und Blätter und dabei ganz biegsam. Wirklich merkwürdig – wie riesengroße Gräser."

Dicht neben ihm surrte es. Er wandte sich um, konnte aber nichts entdecken. Das Surren wurde stärker. Dann sah Nashi San, daß es von etwas Langem, mehrbeinig Lebendigem kommen mußte. Es war halb so groß wie er selber und schien aus mehreren schwarz-metallenen Ringen zu bestehen, einer Samurai-Rüstung nicht unähnlich. Statt zweier Arme haftete links und rechts je ein durchsichtiges Teil, wie riesige Libellenflügel. Der schwarze Leib war mit gelben Querstreifen verziert und bewegte sich jetzt langsam auf ihn zu. Am vorderen Teil saß ein kleiner kugelrunder Kopf mit zwei Stöcken wie Angelruten und zwei riesigen Augen. Nashi San stutzte. Jedes der beiden Augen schien aus tausenden kleiner, eckiger Spiegel zu bestehen, in denen sich das Sonnenlicht in allen Regenbogenfarben schillernd brach.

„Kagami", entfuhr es Nashi San unvermittelt, was auf deutsch „Spiegel" heißt. „Konnichi-wa!" erwiderte das Wesen in einwandfreiem Japanisch,

20

„guten Tag! Seien Sie willkommen im Garten der Vier Jahreszeiten!" Alsdann stellte sich das Wesen als die Biene Haru vor.

Nashi San verschlug es die Sprache. Er beeilte sich jedoch, sich nach landes-üblichem Brauch zur Begrüßung höflich zu verneigen. Die Biene schien seine Verwirrung zu bemerken. In kurzen Worten erklärte sie ihm den Grund und die näheren Umstände seines Aufenthaltes.

Er habe sich, begann sie summend, am Feuer vor der Gartenmauer ge-wünscht, daß Sommer sei und daß er ein so großer Dichter werde wie sein Vater Matsuo Bashō. Wie er vielleicht bemerkt habe, sei er beim Eintritt in den Garten mitten in der Sommerregion gelandet. In dieser Region fühle auch sie sich am wohlsten. Damit sein zweiter Wunsch sich ebenfalls erfülle, müsse er, wie sie weiterhin erklärte, lernen, mit offenen Augen durch die Welt zu gehen. Hier, im Garten der Vier Jahreszeiten, werde er einiges Handwerk-liche der Dichtkunst lernen. Dabei würden ihm die Bewohner des Gartens gewiß mithelfen. Voraussetzung für das wirkliche, große Dichten, für das sein Vater berühmt sei, wäre jedoch das richtige Sehen. Und wenn er am Ende so dichten könne, wie er es sich insgeheim wünsche, dann werde sich die Tür in der Gartenmauer von selber öffnen und er seine normale Körper-größe wiedererhalten.

Das sei, entgegnete Nashi San, ja alles sehr schön. Er begreife nur nicht, warum – um alle Nashi-Früchte in der Welt – er denn zur Größe seines rechten Daumens geschrumpft sei. „Um zu sehen!" surrte die Biene. „Je klei-

21

ner man ist, umso deutlicher und genauer sieht man, weil man an alles, was von der Sonne beschienen wird, näher herangehen muß. Sehen Sie, die großen Menschen, für die sich zum Beispiel die Glasmenschen halten und auch viele Erwachsene, schauen von oben auf die Dinge und aus einiger Entfernung. Wir kleinen Wesen aber sehen die Dinge von unten, vom Grund aus und aus allernächster Nähe. Wir schauen nicht auf die Dinge, sondern in sie hinein. Wir sehen, hören, riechen, fühlen, schmecken sie mit all unseren Sinnen. Nur so werden sie sinnvoll. Wir nehmen sie mit unserem Herzen auf. Und mit allen Dingen in der Natur – mit den Gräsern, den Tautropfen, den Blüten – kurzum mit allem, was unter der Sonne wächst, nehmen wir auch die Sonne selber in uns auf. – Welchen Rat gab Ihnen Ihr Vater mit auf den Weg, als Sie über Glasmenschen sprachen, Nashi San?" – „Folge der Sonne durch die vier Jahreszeiten, nimm sie in Dich auf, dann wirst Du sehen!" antwortete Nashi San wortgetreu. „Sehen Sie", summte die Biene, „und genau das erleben Sie hier. Sie werden dem Lauf der Sonne durch die vier Jahreszeiten des Gartens folgen und die Sonne, so wie ich es eben beschrieb, in sich aufnehmen und – sehen."

Nashi San sah die Biene an. In ihren großen Facettenaugen brach sich das Sonnenlicht und strömte ihm tausendfach entgegen. Er begann zu ahnen.

Ein Flug durch Frühling und Sommer

Die Biene Haru straffte ihre Flügel. „Steigen Sie auf! Wir wollen jetzt einen Rundflug machen, damit Sie einen Eindruck von den vier verschiedenen Teilen des Gartens bekommen: vom Frühling, vom Sommer, vom Herbst und vom Winter. Das heißt, in der Winterregion wird einer der Kraniche Sie übernehmen. Es ist zu kalt für mich dort oben!" summte die Biene fröstelnd.

„Sie müssen dann bei jeder der vier jahreszeitlichen Regionen des Gartens sagen, was Sie alles an Pflanzen, Bäumen, Tieren, Tätigkeiten, Wetter und Sonstigem sehen, das typisch für die jeweilige Jahreszeit ist. Das wird Ihnen später beim Dichten nützlich sein!" Und schon flog die Biene Haru mit Nashi San auf dem Rücken davon.

Nashi San hielt die Augen fest geschlossen, weil die Biene sehr schnell flog und er Angst hatte hinabzustürzen. Als die Biene dies merkte, drosselte sie ihr Tempo und ging von sieben auf fünf Meter. Selbst diese Höhe, die für normalgroße Menschen schon beträchtlich ist, mußte auf daumengroße Wesen wie Nashi San noch immer schwindelerregend wirken.

Vorsichtig öffnete er jetzt seine Augen, hielt aber den Leib der Biene noch immer ängstlich umklammert. Er tat ihr leid. Da sie ihn schon jetzt gern mochte, machte sie ihm einen Vorschlag.

„Nashi San, wie wäre es, wenn wir uns duzen würden? Ich biete nur wenigen Wesen das Du an, weil man nur wenigen wirklich vertrauen kann. Ich glaube aber, wir könnten Freunde werden." Nashi San stimmte freudig zu, denn auch er mochte die Biene. Überdies war er froh, in dieser Lage jemanden bei sich zu haben, dem er vertrauen konnte. So schwand seine Angst, und er begann, den Anblick, der sich ihm bot, zu genießen.

Während die Biene Haru Kurs auf die erste Region des Gartens, den Frühling, nahm, erklärte sie ihm, daß dies ein Rundflug sei. Sie wolle ihm den ganzen Garten zeigen. Dabei würde er die Dinge einzeln und aus nächster Nähe kennenlernen. „Nenne", und damit erinnerte sie ihn an seine Aufgabe, „alles an Pflanzen, Bäumen, Tieren, Tätigkeiten, Wetter und Sonstigem, was typisch für den Frühling ist!"

Nashi San begann nun, das, was er wahrnahm, ausführlich und in langen Sätzen zu beschreiben. „Halt! So meine ich es nicht!" unterbrach ihn die Biene. „Ich sprach vorhin von Wörtern, nicht von Sätzen. Es geht hier nicht um ausführliche Beschreibungen, sondern um Jahreszeitenwörter. Um Kigo! Du müßtest wissen, was das ist", setzte die Biene hinzu. „Dein Vater arbeitet ständig damit, wenn er Gedichte schreibt." Bei diesen Worten nahm sie Kurs auf einen Baum und führte Nashi San in ein Meer von Kirschblüten.

Jede einzelne Blüte – ein Kunstwerk,
und keines entsprach dem anderen ganz.

Die Schönheit und der Duft der weißen, teils hellrosa Blüten, die das Sonnenlicht mit ihren zarten Kelchen auffingen, machten Nashi San ganz benommen. So nah und in dieser Größe hatte er sie nie zuvor gesehen. Jede einzelne Blüte, die einen noch als Knospe, die anderen schon ganz geöffnet, war ein Kunstwerk für sich, und keines entsprach dem anderen ganz. „Hachi!" flüsterte Nashi San, was auf deutsch „Biene" heißt. Mit seinen Armen und Beinen deutete er an, daß er sich inmitten dieser Blütenpracht genauso taumelig fühlte wie die Bienen.

„Ja, ja!" stimmte ihm die Biene Haru zu. „Wir Bienen müssen allerdings auf der Hut sein. Bis zu den Eisheiligen Mitte Mai kann es durchaus noch zu Kälterückfällen kommen, und dann ist es mit dem Freudentaumel aus. Da hast Du es mit Deiner Kleidung besser. Der Jahreszeitenanzug, den Du trägst, hält Dich stets so warm, wie es gerade angenehm für Dich ist. – Doch nun zurück zu den Kigo!" Die Biene deutete auf den Baum. „Kirschblütenbaum", begann Nashi San sogleich, „Kirschblütenmeer, Kirschblütenwolke, Kirschblütenschnee, Kirschblütenschaum, blühender Kirschbaum, Kirschblütenzweig, Kirschblüten …" – „Halt!" fiel ihm die Biene sanft ins Wort, „das genügt. Wie würdest Du den Baum mit Sommer-, Herbst- und Winter-Kigo beschreiben?" – „Baum voller Kirschen zum Beispiel für den Sommer." Nashi San überlegte. „Welkes Kirschbaumblatt oder welkes Kirschbaumlaub für den Herbst und verschneiter Kirschbaum für den Winter." – „Sehr schön!" lobte die Biene und drängte dann zum Weiterflug.

Nashi San beeilte sich noch „heimkehrender Star" und „brütende Drossel" als Kigo für Tiere des Frühlings zu nennen und als Frühlingstätigkeiten „pflügen" und „säen", da schwebte die Biene schon wieder nach oben in Richtung Sommer.

Plötzlich bremste sie. Im Tiefflug steuerte sie auf eine große runde, schneeweiße Blüte zu, die wie eine Schüssel aus hauchdünnem Porzellan auf dem Boden ruhte, gefüllt mit Abendsonnenlicht. „Ackerwinde!" rief Nashi San. „J-a-a", summte die Biene gedehnt. Ihr Summen klang beunruhigt. „Warum liegt denn die Blüte auf Blättern mit Dornen?" wollte Nashi San wissen. „Ja, genau weiß ich es auch nicht!" seufzte die Biene. „Wahrscheinlich wegen der Wesen oder, besser gesagt, wegen der Unwesen in ihrer Nähe, die mit ihrer bloßen Anwesenheit Stiele zu Stacheln machen." Und damit wies sie auf eine Gruppe dunkelgekleideter, hoher Gestalten. Mit dem Rücken zur Blüte gewandt, bildeten sie in steifer Haltung einen Kreis und starrten in die Mitte. „Glasmenschen!" zischte die Biene. Nashi San fuhr zusammen. „Aber wieso sehen sie denn so dunkel aus?" wollte er wissen. Soweit er gehört hatte, waren sie durchsichtig. „Sie tragen schwarze Kleidung", flüsterte die Biene, „damit man sie sehen kann. Außerdem schützt diese Art von Kleidung sie vor der Sonne. Sie würden sonst schmelzen." – „Ja", wandte Nashi San ein, „warum sind sie denn überhaupt hier, in diesem Garten voller Sonne?" – „Um abzuschrecken. Um zu zeigen, wie man nicht sein sollte", erklärte die Biene Haru leise.

„Diese Menschen können nicht sehen. Sie denken, sie können sehen, aber sie können es in Wirklichkeit nicht. Siehst Du, sie glauben, sie stünden im Kreis um eine Blüte und blicken auf sie hinab. In Wirklichkeit ist aber gar keine Blüte da. Allenfalls ein welkes Blatt, das vom Herbst herübergeweht ist, mehr nicht. Man könnte ihnen ebensogut ein Blatt Papier dorthin legen, auf das die Umrisse der Ackerwinde gemalt sind, und in die Umrisse das Wort ‚Ackerwinde‘ schreiben. Sie würden keinen Unterschied zur echten Blüte sehen. Sie sind an der wirklichen Blüte, die Du hier siehst, vorbeigegangen. Sie haben auch nicht das Sonnenlicht, das auf dem Grund des Blütenkelches liegt, erblickt, weil sie nicht in die Dinge hineinsehen. Ihr Blick bleibt an der Oberfläche. Das Wesentliche ist ihnen verborgen. Vielleicht“, setzte die Biene Haru hinzu, „hat die Ackerwinde Dornen getrieben, um sie zu Fall zu bringen, denn wenn sie stolpern und stürzen, zerspringen sie.“

Die Biene hielt einen Augenblick inne und wies dann nach rechts. „Siehst Du die Menschen dort?“ – „Ja!“ rief Nashi San überrascht. Im ersten Moment meinte er, Freunde aus seinem Heimatdorf zu erkennen. Es waren fünf Kinder zwischen neun und zwölf Jahren, die im Licht der untergehenden Sonne einen Kreis gebildet hatten, sich anfaßten und um eine aufgeblühte Lilie tanzten.

Die beiden Mädchen trugen helle Kleider, die drei Jungen fast weiße Anzüge wie Nashi San. Sie sahen aus wie die fünf Blütenblätter der Lilie, um die herum sie sich bewegten.

Mit dem Rücken zur Blüte gewandt,
bildeten sie in steifer Haltung
einen Kreis und starrten in die Mitte.

„Das sind Menschen wie Du", sagte die Biene. „Sie gehen nicht an der Blüte vorbei. Sie suchen sie, ohne es zu wissen, und sie sehen sie. Sie sehen sie nicht nur an, sie sehen auch in sie hinein. Und sie lauschen ihr, um die Stille in ihr zu hören. Sie berühren sie, um sie zu fühlen. Sie riechen an ihr und atmen ihren Duft. Sie nehmen sie in ihre Mitte, sie leben mit ihr. Und – sie sehen das Licht in der Lilie. Sie sehen das Wesentliche der Blume, ihr Wesen. Denn sie schauen mit dem Herzen."

Die Biene drängte zum Weiterflug. „Es wäre unangenehm, wenn wir uns verspäteten. Die Kraniche sind immer sehr pünktlich."

Inzwischen hatten Nashi San und die Biene Haru den Sommer erreicht. Löwenzahnsamen schwebten durch die Luft, es duftete nach frischgemähtem Heu, das reife Korn wogte im Sommerwind. Grillen zirpten, Frösche quakten, und nachdem die letzten Erdbeeren geerntet worden waren, wurden jetzt, nach der Mittsommernacht, auch die Beeren an den Sträuchern reif. Nashi San teilte der Biene seine Beobachtungen durch viele Kigo mit, und während er noch „gelbes Rapsfeld" rief, schwenkte sie nach links auf drei große Sonnenblumen zu, um etwas Pollen zu sammeln.

Sie suchen,
ohne es zu wissen,
und sie sehen.

Nashi San lernt, mit dem Herzen zu sehen

Nachdem die Biene Haru sich wieder erholt hatte, flogen sie weiter in die Herbstregion des Gartens. Im Tiefflug schwebten sie über die herbstliche Landschaft, durch Obstgärten und über Weinberge. Überall war Erntezeit. Nashi San hörte, wie zur Jagd geblasen wurde. Auf den schmalen Waldwegen sah er Pilze, Kastanien, Eicheln und Bucheckern, von denen er gerne welche gesammelt hätte, und dachte dabei an das Laternelaufen daheim zu dieser Jahreszeit. Verträumt blickte er den Wildgänsen und Schwalben nach, die hoch über ihm gen Süden zogen, und beobachtete, wie unten im Tal auf den herbstlichen Wiesen die ersten Nebel aufstiegen.

Während Nashi San noch beschäftigt war, der Biene Haru zu dem, was er alles sah, die Herbst-Kigo zu nennen, schwenkte sie schon nach rechts und flog auf einen hohen, alten Baum zu. Nashi San verstummte. Die Blätter, die der Herbstwind sanft hinabtrug und wie einen Reigen rotgoldener Flammen vor sich hertrieb, erinnerten ihn an die tanzenden Lilienkinder.

Die Blätter im Herbstwind –
wie ein Reigen rotgoldener Flammen

„Die Blätter winken ihrem Baum Lebewohl zu“, summte die Biene leise zu Nashi San gewandt. „Hörst Du sie flüstern?“ Nashi San lauschte dem Rascheln und Knistern des Laubes. „Wie fröhlich es klingt“, meinte er, „so gar nicht nach Abschied!“ – „Es ist ja auch nur für kurze Zeit“, sagte die Biene. „Im Frühling sind sie wieder da, im frischen, grünen Gewand. – Doch komm, ich will Dir jetzt etwas anderes zeigen!“ Und bei diesen Worten wies sie auf einen Apfel, der vor ihnen im Apfelbaum hing.

```
          ctBlatt.
       BlattBlatt Bl Stiel ngel
       Blatt BlattB    tie
        Tatt Blat         n
              pfel Apfel Ap
           elApfel Apfel Apfel
          pfel Apfel Apfel Apfel Ap
          pfel WURM Apfel Apfel Apfe
         Apfel Apfel Apfel Apfel Apfel
         Apfel Apfel Apfel Apfel Apfel.
         Apfel Apfel Apfel Apfel Apfel.
         Apfel Apfel Apfel Apfel Apfel.
         Apfel Apfel Apfel Apfel Apfel
          pfel Apfel Apfel Apfel Apfe
          fel Apfel Apfel Apfel Apf
          lApfel Apfel Apfel Ar
           nfel Apf  t Apfe
                  Blut
```

Nashi San vertiefte sich lange und aufmerksam lesend in den Apfel. Schließlich fragte die Biene ihn, ob er wüßte, was das sei. „Ein Apfel, der aus lauter Wörtern besteht." – „Ja, ja", bestätigte die Biene, „ein richtiger Apfel." – „Kein richtiger Apfel!" widersprach Nashi San, „sondern ein Wort-Apfel. Ein echter Apfel besteht doch nicht aus Wörtern!" – „So, so!" Die Biene summte lächelnd. „Merke Dir diesen Apfel so, wie er ist, und laß uns nun zum wirklichen Apfel fliegen!" Damit steuerte sie auf ein winziges Äpfelchen zu, das für Nashi San gerade die Größe eines normalen Apfels hatte. „Schau jetzt genau hin", sagte die Biene Haru zu Nashi San, „wie der Apfel von außen aussieht, wie er sich anfühlt, duftet, klingt und woran Dich all das erinnert!" Nashi San nahm den Apfel in die Hand, besann sich einen Moment und antwortete dann: „Der Apfel sieht von außen rot, grün, etwas eierig und faustgroß aus, und er hat ein paar Beulen auf der Oberfläche. Er erinnert mich an einen alten, ausgebeulten Ball." Behutsam strich er über den Apfel, befühlte ihn rundherum und wog ihn nachdenklich in seiner Hand. „Der Apfel fühlt sich von außen leicht, kalt, rauh und ein wenig schrumpelig an – wie eine Quitte", und Nashi San roch mehrmals an der Frucht. „Der Apfel riecht von außen süßlich, frisch und würzig. Er duftet wie Apfelsaft, Apfelmus oder Apfelgelee. – Der Apfel hört sich von außen sehr leise an und rauscht ein wenig." Bei diesen Worten hielt er den Apfel dicht an sein linkes Ohr. „Ich höre im Apfel das Rauschen einer ganz kleinen Muschel", setzte er schließlich hinzu und blickte die Biene, die zufrieden nickte, nachdenklich an.

Er war ganz überrascht über das, was er so alles an diesem Apfel entdeckte. Und woran es ihn erinnerte – tausenderlei Dinge fielen ihm dazu ein! Er fühlte, daß er erst auf diese Weise den Apfel richtig kennenlernte, und spürte, wievieles er mit dem Apfel verband – und wie er dem Apfel immer näher kam.

„Und nun", setzte die Biene nach einer Weile fort, „das Ganze von innen." Sie holte ein winziges Messer aus ihrem Honigsack und schnitt den Apfel nicht längs, sondern quer durch, in zwei gleiche Hälften.

„Was siehst Du?" fragte sie Nashi San und hielt die beiden Apfelhälften hoch.

„Einen Stern!" rief er voller Erstaunen. Er hatte in seinem Leben wohl schon an die hundert Äpfel gegessen, aber daß sich in jedem von ihnen ein Stern verbarg, war ihm noch nie aufgefallen.

„Die Natur ist voller Wunder", lächelte die Biene. „Es kommt nur auf das richtige Sehen an." – Beim Wort „Sehen" mußte Nashi San unvermittelt an die Glasmenschen denken. Nein, sie hätten den Stern im Apfel bestimmt nicht erkannt.

„Hier, nimm den Apfel", sagte die Biene und reichte ihn Nashi San, „und gib acht, wie der Apfel von innen aussieht, wie er sich anfühlt, duftet, schmeckt, klingt und woran es Dich jeweils erinnert!"

Wieder betrachtete Nashi San den Apfel genau. Er erkundete ihn mit seinen Augen, seinen Händen, mit seiner Nase, seinen Ohren und seinem Mund. „Der Apfel sieht von innen weißlich gelb aus und hat in der Mitte einen

Es kommt nur
auf das richtige Sehen an.

Stern", begann er. „Er sieht von innen aus wie ein Stern auf weißem Hintergrund. Oder wie ein Stern in einer Wolke. Oder", überlegte er, „wie der helle Mond. Oder wie ein Gesicht ohne Mund und Augen. Oder wie ein unbeschriebenes Blatt. Oder", setzte er nach einer Weile hinzu, „wie die Wangen eines Babys." Er schwieg.

Dann fuhr er fort. „Der Apfel fühlt sich von innen feucht und kühl an wie ein feuchtes Tuch oder wie Schnee." Nashi Sans Gedanken wanderten zu den Glasmenschen.

Im nächsten Moment wandte er sich wieder ganz dem Apfel zu. „Der Apfel riecht von innen frisch und süß. Er duftet nach Apfelsaft und Frische und nach Erde. Er duftet wie eine seltene Herbstblume", befand er. „Er schmeckt", und dabei biß er herzhaft in eine der beiden Apfelhälften, daß es ordentlich krachte, „er schmeckt süß und etwas säuerlich, eben wie ein Apfel."

Dann hielt er die unangebissene Apfelhälfte an sein linkes Ohr. „Ich höre im Apfel ein leises Rauschen. Der Apfel hört sich auch von innen an wie eine Muschel. Oder", fiel es ihm plötzlich ein, „wie ein später Sommersonnentag."

Die Frucht der Erkenntnis

Als Nashi San den Apfel genüßlich verspeist hatte, setzte er sich auf einen Zweig und betrachtete lange und eingehend die Äpfel um sich herum. Er war froh, daß die Biene Haru ihm den Wort-Apfel gezeigt hatte. Wie deutlich war ihm nun der Unterschied zum wirklichen, echten Apfel! Gewiß, so ein Wort-Apfel ist eine interessante Sache, das stimmte, überlegte er. Wenn nur die Form und die Worte „Apfel", „Stengel", „Blatt", „Blüte" da sind, muß man sich das und alles übrige dazu vorstellen. Aber was kann man über einen solchen Wort-Apfel sagen? Vielleicht: „Ein Wort-Apfel ist ein Wort-Apfel ist ein Wort-Apfel ist ein Wort-Apfel." – Oder: „Ein Wort-Apfel mit Wurm ist ein Wort-Apfel mit Wurm ist ein Wort-Apfel mit Wurm ist ein Wort-Apfel mit Wurm."

Neben Nashi San summte die Biene, angesteckt von seinem monotonen Murmeln. „Der Wort-Apfel hat kein wirkliches Leben in sich, das ist es! Er hat keine Farbe, keinen Duft, keinen Geschmack, man kann ihn nicht fühlen, man kann ihm nicht lauschen. Man kann ihn nur lesen. Man müßte", dachte er, „all das, was man an einem richtigen Apfel von außen und innen sieht, fühlt, riecht, hört – und natürlich den Geschmack – in einen Umriß schreiben. Und außerdem noch all die Gedanken, die man selber dazu hat. Das gäbe dann den ganz persönlichen Apfel. Und jeder dieser Äpfel würde sich bestimmt so von allen anderen unterscheiden wie ein Mensch vom anderen."

Nashi San wußte nicht, daß die Biene Haru für ihn einen Apfel gewählt hatte, weil der Apfel der Nashi-Frucht, die es hier im Garten nicht gab, am ähnlichsten war. Und sie hatte erreicht, was sie ihm wünschte: Nashi San, für den ein Stern „Licht" bedeutete und „Sonne", sah jetzt die Sonne nicht nur von außen auf dem Apfel. Er sah sie auch im Apfel selber. Für Nashi San war im Apfel ein Stern aufgegangen. Der Apfel war zu einer Lichtfrucht geworden, zum Symbol für das im Verborgenen schlummernde Licht, zu einer Frucht der Erkenntnis.

Die Sinntiefe der kleinen Blumen

Nashi San wurde vom Summen der Biene aus seinen Gedanken gerissen, die mit ihm auf ihrem Rücken auf ein Bahngleis zusteuerte. Er wollte eben fragen, was ein Bahngleis hier im Garten der Vier Jahreszeiten verloren hätte und auch der schwere Zug, den er erst jetzt entdeckte, als die Biene ihm sagte: „Was Du hier siehst, hat mit den Glasmenschen zu tun. Doch davon später. Ich muß jetzt zurück in den Sommer. Der Kranich wird gleich hier sein und mit Dir in den Winter ziehen. Anschließend, so ist es besprochen, bringt er Dich wieder in den Sommer zurück."

Nashi San sah sich um. Die beiden hohen Waggons kamen ihm unheimlich vor. „Ob jetzt Glasmenschen darin sind?" fragte er sich im stillen. Plötzlich entdeckte er weit oben an einem der Waggons einige Worte, die mit Kreide oder weißer Farbe darauf gemalt worden waren: „HÄTTEST DENN DU DEN WILLEN?" Er las die Worte nochmals. Was hatte das zu bedeuten?

42

Wozu sollte er einen Willen haben? Überhaupt – wer war mit „Du" eigentlich gemeint? Nashi San schaute abermals nach oben und sah jetzt, daß in kleinerer Schrift noch etwas darunter geschrieben stand:

Züge, dunkel und kalt,
donnern durch Feld und Wald.
Wer hätte die Kraft und den Willen,
sich ihnen entgegenzustellen?

Nachdenklich lehnte er sich gegen den Waggon und blickte auf die Schienen. Wie mochte die Antwort lauten?

Während Nashi San in Gedanken das Geräusch der donnernden Züge vernahm, fiel sein Blick auf die kleinen weißen Blumen, die vor ihm zwischen den Eisenbahnschienen wuchsen. Das Licht der Abendsonne färbte sie rötlich, so daß sie von innen heraus zu glühen schienen. – „Was hatte die Biene Haru über die Natur gesagt?" überlegte Nashi San. „Sie ist voller Wunder", entsann er sich. „Es kommt nur auf das richtige Sehen an." Und er betrachtete die kleinen Blumen eingehend.

„Schön sind sie und ganz erfüllt vom Licht der Abendsonne!" dachte er, ohne zu merken, daß er wieder begann, nicht nur mit den Augen zu sehen, sondern auch mit seinem Herzen. Während er sie so betrachtete, meinte er, ihren Duft zu riechen und die Stille in den Blüten zu hören, die wie kleine Glocken am hohen, schlanken Blumenstengel hingen. Er fühlte die Zartheit dieser Blüten, die fast so klein waren wie er selber und so weiß wie der Anzug, den er trug. Und er spürte, daß zwischen ihm und den kleinen Blumen ein Bezug bestand.

„Züge, dunkel und kalt, donnern durch Feld und Wald", flüsterte er leise vor sich hin. „Wer hätte die Kraft und den Willen, sich ihnen entgegenzustellen?" Er hielt inne. Wie vorhin, als er im Apfel einen Stern entdeckte, ging ihm plötzlich ein Licht auf. „Die kleinen Blumen sind es! Die kleinen Blumen zwischen den Eisenbahnschienen, natürlich!" rief er und war selbst überrascht, wie einfach die Antwort war. In ernstem, beinahe feierlichem Ton las er die Verse alsdann nochmals, jetzt laut, und dichtete die Antwort hinzu:

HÄTTEST DENN DU DEN WILLEN?

Züge, dunkel und kalt,
donnern durch Feld und Wald.
Wer hätte die Kraft und den Willen,
sich ihnen entgegenzustellen?
Die kleinen Blumen blühen
auch zwischen den Eisenbahnschienen.

Wer hätte die Kraft und den Willen,
sich ihnen entgegenzustellen?

„Bravo! Großartig!" schnarrte neben Nashi San ein riesiger, hellgefiederter Vogel, der unbemerkt gelandet war und sich nun als der Kranich Takeru vorstellte. „Steig auf, Nashi San! Ich habe den Auftrag, Dich mit in den Winter zu nehmen. Wir müssen uns beeilen, denn die Sonne sinkt schnell!"

Nashi San folgte den Anweisungen des Kranichs, stieg auf seinen Rücken und machte es sich im dichten, hellen Gefieder des Vogels bequem. Er freute sich, daß der Kranich ihn duzte, denn der Flug in den Winter stand ihm – das merkte er jetzt deutlich – ganz nahe bevor. Eine Reise in den Frühling, in den Sommer und auch in den Herbst war spannend und aufregend, aber nicht gefährlich. Doch was würde ihn im Winter erwarten?

Der Kranich schien seine Gedanken zu erraten, denn er schnarrte in krächzendem, aber durchaus freundlichem Ton: „Bevor es losgeht, eine Frage an Dich: Hättest denn Du den Willen, Dich dem Frost, dem Eis und dem Schnee entgegenzustellen?" – „Ja!" hörte Nashi San sich mit klarer, fester Stimme sagen. Er war selber überrascht über die Antwort, die er spontan, ohne zu überlegen, gegeben hatte. Er sich dem Frost, dem Eis und dem Schnee entgegenstellen? Nashi San fror bei dem bloßen Gedanken daran. Überhaupt: Wer garantierte ihm, daß er im Winter nicht erfrieren und zu einem Glasmenschen werden würde?

Nashi San fielen die starren, hohen, dunklen Gestalten nahe der Ackerwinde ein. Und die fensterlosen, hohen, dunklen Waggons, von denen die Biene Haru gesagt hatte, sie hätten etwas mit den Glasmenschen zu tun. Wie –

46

Gemeinschaft
schafft Nähe und Wärme.

durchfuhr es ihn wieder – wenn man in der Winterregion des Gartens zum Glasmenschen gefror und dann mit dem Zug in die anderen Regionen des Gartens gebracht wurde? Die Schienen, das hatte er wohl gesehen, kamen aus Richtung Winter.

„Tsuru!" schnarrte der Kranich Takeru und riß Nashi San aus seinen Gedanken. „Tsuru!", was auf deutsch „Kranich" heißt. Takeru deutete mit seinem Schnabel nach vorn. „Siehst Du die beiden schwarz-weiß gefiederten Vögel dort?" Nashi San nickte. „Sie gehören zu unserer Familie. Wir Kraniche reisen meist nicht allein, sondern zu zweit, zu dritt oder in größeren Gruppen. Das ist vor allem im Winter sehr wichtig. Gemeinschaft schafft Nähe und Wärme."

Der Kranich winkte den beiden anderen mit seiner rechten Schwinge zu. Dann schwenkte er nach links und flog über eine winterlich verschneite Landschaft, die Nashi San durch Winter-Kigo so genau wie möglich beschrieb. Er nannte: „weiße Tanne", „Winterwald", „Christrose", all die Tiere, die jetzt Winterschlaf hielten, „Schlittschuhlaufen", „Rodeln", „gefrorener See", „Eisdecke", „Schneemann", „Schneeflocke", „Schneefeld", „Wintersonne" und vieles andere mehr. Der Kranich schnarrte zufrieden und nahm Kurs auf die Wintersonne, die wie ein großer, roter Ball am Rande des Schneefeldes lag.

Nashi San kam es vor, als ob er das alles schon einmal gesehen hätte. Einen Moment lang meinte er, daheim zu sein. Eben wollte er dem Kranich sagen,

48

Er fühlte sich sicher und geborgen.

wie ähnlich diese Landschaft der heimatlichen Umgebung sei, als dieser zur Landung ansetzte und etwas anderes Nashi Sans ganze Aufmerksamkeit auf sich zog.

Obgleich sie jetzt langsamer flogen, hörte Nashi San es nach wie vor um seinen Kopf rauschen. Er ließ das Gefieder des Vogels los, um sich die Ohren zuzuhalten – und stutzte. Was war das? Sein Haar war auf einmal so lang, daß es nicht nur seinen Kopf und seine Stirn bedeckte, sondern auch Hals und Ohren. „Sei unbesorgt!" schnarrte Takeru, der Nashi Sans Aufregung bemerkt hatte. „Das alles gilt Deinem Schutz. Sieh, der Jahreszeitenanzug reicht nur bis über die Schultern. Was aber wird mit Deinem Hals und Deinen Ohren? Schließlich willst Du doch nicht zu einem Glasmenschen werden!" Und bei diesen Worten setzte er Nashi San behutsam auf der Pforte einer niedrigen Mauer ab, um ein wenig auszuruhen.

Voll Dankbarkeit blickte Nashi San zur Sonne. Er fühlte sich sicher und geborgen. Doch was war mit den Glasmenschen? Wer sorgte sich um sie?

Zum ersten Mal in seinem Leben empfand Nashi San Mitleid mit den Glasmenschen. Er fragte sich im stillen, ob es nicht irgend jemanden gab, der ihnen helfen könnte – helfen, wieder so lebendig zu werden wie ein Mensch aus Fleisch und Blut und mit Herz.

Mehr über das Wesen der Glasmenschen

Wieder schien der Kranich Nashi Sans Gedanken zu erraten. „Sieh mal, Nashi San, mit den Glasmenschen ist es so. Du siehst den Wald dort drüben?" Nashi San nickte. Und dann nickte er noch einmal, weil der Wald aussah wie der Wald daheim. „Gut", fuhr Takeru fort. „Also die Glasmenschen – oder besser gesagt die Menschen, die dabei sind, zu Glasmenschen zu erstarren und durch einen Kälteschock endgültig dazu zu werden – gehen in den Wald, um Holz zu sammeln für ihr Feuer. Aber sie gehen nicht zusammen, sondern einzeln. Und sie sammeln nicht gemeinsam, sondern jeder für sich. Und sie sammeln nicht für andere mit, sondern ausschließlich für sich selber. Du mußt wissen, Glasmenschen sind Einzelgänger. Sie kennen nur sich selber und sonst nichts und niemanden." – „Ja", fiel Nashi San dem Kranich ins Wort, „aber warum waren denn bei der Ackerwinde mehrere Glasmenschen versammelt? Es sah aus wie eine Gemeinschaft von Glasmenschen." – „Das ist richtig", bestätigte der Kranich. „Äußerlich bilden sie eine Gemeinschaft, aber nicht innerlich. Sie kennen im Grunde nur sich selber und wollen nur sich selber kennen. Sie haben keinen Bezug zu anderen. Weder zu Menschen, noch zur Natur, zu den Pflanzen und Bäumen, noch zu den Tieren, kurzum zu allem, was lebt."

„Sie haben keinen Bezug zur Natur", wiederholte Nashi San nachdenklich. Dabei dachte er an den Apfel und an die kleinen Blumen und daran, daß er ihnen sehr nahe gekommen war. Ja, dadurch, daß er sie eingehend erkundet hatte, mit seinen Augen, seinen Ohren, seiner Nase, seinem Mund, seinen Händen und mit seinen Gedanken, war er dem Apfel und den kleinen Blumen ganz nahe gekommen, fühlte er sich ihnen verbunden.

„Gibt es denn gar keine Hilfe für die Glasmenschen?" fragte Nashi San. Der Kranich sah ihn mit seinen dunklen, klugen Augen lange und durchdringend an, so wie die Biene Haru es bei ihrer ersten Begegnung mit Nashi San an der Gartenmauer getan hatte. „Vielleicht gäbe es einen Weg", sagte der Kranich schließlich. „Das einzige, was ihr erstarrtes Herz und ihre eisigen Körper wieder zum Leben erwecken könnte, ist Wärme. Wärme und Licht von innen. Wärme von außen aber bringt sie zum Schmelzen. Wir haben das mehrmals erlebt und deswegen die hohen, fensterlosen Waggons angeschafft. Wenn die Glasmenschen Einlaß in den Garten der Vier Jahreszeiten finden, bringen die Waggons sie in die Regionen, in denen die Sonne zu warm für sie ist. In den Waggons streifen sie sich dann die dunklen Gewänder über, die sie schützen und sichtbar machen."

Schweben wie im Traum –
schwerelos.

„Ja, aber wie könnte man ihnen denn Wärme und Licht von innen geben?" wollte Nashi San wissen. „Nun", antwortete der Kranich nachdenklich, „das einzige, was sie wirklich aufmerksam ansehen, sind Buchstaben. Sie lesen gern. Man müßte ihnen also etwas Geschriebenes geben, das in ihnen Wärme und Licht erzeugt. Das kann aber nur von Menschenhand geschehen und überdies von jemandem, der ganz fest an die Erlösung der Glasmenschen glaubt." Der Kranich betrachtete Nashi San eingehend.

„Komm!" forderte er ihn schließlich auf und hob ihn von der Pforte wieder auf seinen Rücken. „Wir wollen jetzt gemeinsam übers Schneefeld schweben, damit wir uns in aller Ruhe weiter unterhalten können. – Als wir uns vorhin begegneten, trugst Du gerade das kleine Gedicht ‚HÄTTEST DENN DU DEN WILLEN?‘ vor. Erzähle mir, was die ‚kleinen Blumen‘ Deiner Ansicht nach alles bedeuten!" Damit hob der Kranich sanft ab, so daß es Nashi San vorkam, als hätte er selber Schwingen und schwebte nun wie im Traum schwerelos dahin.

Während sie ruhig über dem Schneefeld kreisten, begann Nashi San, dem Kranich Takeru seine Gedanken und Gefühle mitzuteilen. Sie machten ihm deutlich, daß Nashi San gelernt hatte, nicht nur mit den Augen zu sehen. Er sah die Natur, die kleinen Blumen auch als Sinnbild, als Symbol – für Mut, Stille, Beständigkeit, Wahrheit, als Botschafter einer inneren Wirklichkeit.

Worte, die nur das Herz versteht

Der Kranich landete. Mit Nashi San auf dem Rücken stapfte er auf die kleine Hütte zu, die einsam und verlassen am Ende des weiten Schneefeldes lag. Wind war von Norden aufgekommen und verwehte die Kranichspuren fast ebenso schnell, wie sie entstanden.

Nashi San kuschelte sich in das dichte Gefieder des Kranichs. Wie anders ihm zumute war, wenn er keine Angst davor zu haben brauchte, zu erfrieren und zum Glasmenschen zu werden, dachte er. Er war froh über den Jahreszeitenanzug, der ihn warm hielt, und darüber, daß die Biene Haru einen so netten Kranich für den Flug in den Winter ausgewählt hatte. Verträumt blickte er zur Sonne, die groß und rot am Horizont versank.

Inzwischen hatten sie die Hütte erreicht. Nashi San stieg vorsichtig ab und blieb erstaunt stehen. Die Hütte sah aus wie die Nashi-Klause daheim! Er hatte jedoch kaum Zeit, sich zu wundern, denn Takeru forderte ihn auf hineinzugehen.

Nashi San schritt durch die Tür, die nur angelehnt war, und betrat das Innere der Hütte. Sie bestand aus einem einzigen, gänzlich leeren Raum. Die vier großen Fenster an den vier Wänden der Hütte hatten eine eigentümlich ovale Form, die Nashi San an ein großes Auge erinnerte. Jedes der vier Fenster wies in eine der vier Regionen des Gartens. Der untere Teil der Fenster, der bis zum Boden reichte, war mit einem Blatt Papier versehen. „Lies, was auf dem ersten Blatt steht!" sagte der Kranich, und Nashi San las:

> Hier tobte ein Krieg —
> neben dem zerstörten Haus
> blüht ein Apfelbaum.
>
> *Shiki*

Nashi San hielt inne. Er konnte und wollte nicht gleich zum nächsten Blatt gehen; denn das, was er da las, regte ihn zum Nachdenken an.

„Wie gefällt Dir das Gedicht?" wollte der Kranich wissen. „Fällt Dir irgend etwas auf?" – „Nun", überlegte Nashi San, „Gedichte haben meistens eine Überschrift, dieses hat keine. Außerdem ist es sehr kurz. Es besteht nur aus drei Zeilen." – „Richtig", bestätigte der Kranich. „Hast Du auch gezählt, wie viele Silben es sind?" – „Siebzehn", gab Nashi San sogleich zur Antwort. „Fünf Silben in der ersten Zeile, sieben in der zweiten und wieder fünf in der dritten. Mein Vater hat einmal gesagt, daß siebzehn Silben so lang sind wie ein Atemzug." – „So ist es", pflichtete ihm der Kranich bei und atmete dabei so tief ein und aus, als zählte er die siebzehn Silben mit. „Und das, was in dem Gedicht beschrieben wird, geschieht jetzt", sagte Nashi San. „Das sieht man an dem Wort ,blüht'. Beschrieben wird auch nicht eine längere Zeit – eine Woche oder ein Jahr, sondern ein einziger Augenblick. Es ist so, als wenn jemand an einen Ort kommt und sich – als er das zerstörte Haus sieht – erinnert, daß es dort einen Krieg gegeben hat. Plötzlich entdeckt er neben dem zerstörten Haus einen blühenden Apfelbaum." – „So könnte es gewesen sein", nickte der Kranich. „Und ,blühender Apfelbaum' ist ein Kigo", fuhr er fort. „Es deutet auf den Frühling. Und ,blühender Apfelbaum – zerstörtes Haus' sind Gegensätze. Man könnte auch sagen: ein ,Gegensatzpaar'." – „Ein Gegensatzpaar", wiederholte Nashi San aufmerksam. „Und was noch auffällt", schloß Takeru seine Betrachtung, „ist der Gedankenstrich. Er heißt ,Kireji'. – Dies sind die wichtigsten Merkmale des ,Haiku'. Denn das ist der Name eines solchen Gedichtes." – „Ja, und ich habe gehört", setzte Nashi San hinzu, der von seinem Vater einiges über das Haiku wußte, „wichtig ist beim Haiku, daß es eine tiefere Bedeutung hat." – „So ist es", sagte Takeru, „der tiefere Sinn. Als Leser soll man erkennen, daß der blühende Apfelbaum neben dem zerstörten Haus nicht nur ein Apfelbaum ist, sondern ein Sinnbild, ein Symbol für den Frieden und den Neubeginn des Lebens. Das Haiku ist ein Gedicht, das man nicht nur mit den Augen liest."

Haiku schreiben heißt: ein Licht anzünden

Nashi San ging zum nächsten Fenster, zögerte aber, das dort liegende Blatt zu lesen, da er noch immer über das Haiku nachdachte. Er schaute hinaus. Vor ihm lag eine sommerlich grüne Wiese mit glutrotem Klatschmohn, weißen Lilien und Blumen, deren Namen er nicht kannte. Das Trümmerfeld dahinter erinnerte ihn an die Schlacht von Hiraizumi, von der sein Vater ihm oft erzählt hatte.

Von den stolzen Kriegern, von ihren kühnen Träumen war, wie er sagte, nichts geblieben als das Gras, das sie bedeckte: Gras wie dieses hier, das wie eine lange silbrige Mähne im Sommerwind wehte. Nashi San blickte durch das Fenster, das der Kranich jetzt öffnete. „Gib acht, ob Du etwas hörst", sagte er zu Nashi San, „und versuche dann, ein Haiku zu schreiben. Ähnlich wie das, das Du gerade gelesen hast."

Nashi San lehnte sich nach draußen. Er spürte den lauen Sommerwind auf seinem Gesicht und dachte an die Biene Haru. Ob sie inzwischen in den

Wie anders die Ruine aussieht,
wenn darin eine Biene summt.

Sommer zurückgekehrt war? Der Wind trug ein leises Summen von der Ruine zu ihm herüber. „Wie anders die Ruine aussieht, wenn darin eine Biene summt!" sagte Nashi San. „Ja, es ist wie mit dem blühenden Apfelbaum neben dem zerstörten Haus: Wenn die Biene summt, füllt sich die Ruine mit Leben. Ruinenwüste – summende Biene", überlegte er aufmerksam weiter, „ist so wie das Gegensatzpaar ‚zerstörtes Haus – blühender Apfelbaum‘." Und dann machte er sich daran, ein Haiku zu schreiben, ähnlich wie das eben gelesene:

> Hier tobte ein Krieg –
> in der Ruinenwüste
> summt eine Biene.

„Gut!" sagte der Kranich. „Dieses Haiku würde gewiß auch Deinem Vater gefallen. Doch schau nun, was auf dem Blatt vor Dir steht!"

> Stiller, heißer Tag –
> das Zirpen der Zikaden
> dringt ins Felsgestein.
>   *Bashō*

Nashi San war nicht wenig erstaunt, hier ein Haiku seines Vaters zu finden, noch dazu eines, das zu seinen liebsten gehörte. „Großartig, nicht wahr?" meinte der Kranich Takeru, noch ehe Nashi San etwas erwidern konnte. „Siehst Du in diesem Haiku einen tieferen Sinn, Nashi San?" Nashi San dachte einen Moment nach. „Das Gegensatzpaar ist hier ‚stiller Tag – zirpende Zikaden'. Ich glaube, hierin liegt der tiefere Sinn: in dem Gegensatz von Stille und Geräusch. Obgleich es eigentlich gar kein Gegensatz ist", gab er zu bedenken. „Warum nicht?" wollte Takeru wissen. „Weil man durch das laute Geräusch ja erst die Stille hören kann. Und wenn es nicht so still wäre, könnte man auch das Geräusch nicht hören." – „Und was schließt Du daraus?" fragte der Kranich überrascht. „Daß eigentlich beides zusammengehört: die Stille und das Geräusch."

Takeru freute sich, nickte aber nur kurz, um Nashi San nicht aus seinen Gedanken zu reißen. „Es ist wirklich erstaunlich, was Nashi San mit feinem Gespür entdeckt", dachte der Kranich bei sich. Ja, es ist wahr: Nur wer mit dem Herzen sieht, kann Gegensätzliches als eine umfassende Einheit erkennen."

„Jetzt schau, was auf den nächsten beiden Blättern steht", wandte sich der Kranich Nashi San zu und zog die Scheibe des Sommerfensters wieder herunter. Sie glich einem durchsichtigen Augenlid. Wie die drei anderen Fenster war sie nach außen gewölbt, so daß man meinte, durch ein riesiges Vergrößerungsglas zu sehen. Und tatsächlich: Die Biene, die über der Ruine schwirrte, deren Summen man bei geschlossenem Fenster aber nicht hören konnte, schien die Biene Haru zu sein. Es sah aus, als würde sie Nashi San zuwinken. Dieser winkte zurück und wandte sich dann den beiden anderen Fenstern zu. Leise las er, was dort auf den Zetteln geschrieben stand:

Wie der Herbstwind braust! –
Aber hoch am Himmel stehn
Wolken unbewegt.

Nogetsu

Wintermorgenschnee –
selbst die Krähe, häßlich sonst,
heute ist sie schön!

Bashō

Nashi San schwieg eine Zeitlang. Er schaute durch die beiden Fenster und sah dort im Großen, was die Haiku im Kleinen beschrieben. Sodann erklärte er mit seinen Worten den tieferen Sinn, der in den beiden Gedichten lag. Dabei dachte er vor allem an die Bedeutung des Gegensatzpaars ‚brausender Herbstwind – unbewegte Wolken'. „Es ist wie mit dem Gegensatz von Stille und Geräusch. So wie man die Stille erst durch das Geräusch hört, sieht man die Bewegungslosigkeit der Wolken erst richtig durch das Wehen des Windes. Vielleicht", setzte Nashi San hinzu, „kommen einem die Wolken auch gerade deshalb unbewegt vor, weil sie so weit entfernt sind." Statt ‚unbewegt' wollte er zuerst ‚starr' sagen und mußte dabei unwillkürlich an die Glasmenschen denken. Er selbst war voller Leben, konnte herumtollen und sich bewegen wie ein Wirbelwind. Er konnte, wenn er wollte, tanzen, tanzen wie die Kinder um die Lilie. Aber sie, die Glasmenschen? Sie waren starr und bewegungslos, wie tot.

„Wintermorgenschnee", unterbrach der Kranich Takeru Nashi San in seinem Nachsinnen. „Wintermorgenschnee", nahm Nashi San das Wort auf, „selbst die Glasmenschen, starr sonst, heute tanzen sie! – Heute tanzen sie!" wiederholte er versonnen. Und Nashi San spürte, daß ihn das innere Bild, die Glasmenschen tanzen zu sehen, und zwar noch am heutigen Tage, nicht wieder losließ.

„Auch hier", sagte er, zum Kranich gewandt, „liegt der tiefere Sinn im Gegensatzpaar, in dem Gegensatz ‚häßlich – schön'. Und wieder ist es so, daß beides zusammengehört." – „Es stimmt", sagte der Kranich, „das Haiku macht aus einem Gegensatz eine umfassende Einheit." – Nashi San sah Takeru fragend an. „Wodurch entsteht eine umfassende Einheit?" – „Hier durch den Wintermorgenschnee. Der Wintermorgenschnee bedeckt alles, macht alles weiß. Er hebt alle Unterschiede und Gegensätze auf. Er macht Schwarz zu Weiß." Und dabei wies Takeru auf eine Krähe, die vor dem Winterfenster hockte. Ihre bräunlich-schwarzen Federn, von Eiskristallen leicht bedeckt, schimmerten und blitzten, als säßen hunderte von Diamanten darauf. Eine pechschwarze Drossel gesellte sich zu ihr.

„Der Schnee", fuhr der Kranich fort, „hebt Unterschiede und Gegensätze auf. Wie bei dieser Drossel hier kann er sie aber auch schaffen. Das Schwarz der Drossel, das sonst – im Frühling, im Sommer und im Herbst – nicht sonderlich auffällt, kommt erst durch den Gegensatz, durch das Weiß des Schnees zur Geltung. Umgekehrt erscheint der Schnee durch das Schwarz der Drossel besonders weiß. Beides gehört zusammen wie Tod und Leben, Stille und Geräusch, Bewegung und Stillstand, Häßlichkeit und Schönheit."

Nashi San überlegte. „Wahrscheinlich gehören alle Gegensätze zusammen." – „Ja", bekräftigte der Kranich, „der eine Teil lebt durch den anderen. Erst wenn wir beide zusammensehen, entsteht eine Einheit, ein ‚niku isshō', wie Dein Vater es nennt: eine Einheit, die aus zwei Teilen erwächst."

„Du solltest versuchen", schlug der Kranich Nashi San vor, „nach einem Bild der Natur ein Haiku zu schreiben. Laß uns noch einmal nach drüben zum Frühlingsfenster gehen!" Während sie sich dorthin begaben, fragte Takeru, wie es denn eigentlich mit den Kigo im Herbst-, Sommer- und Winter-Haiku sei. Nashi San dachte eine Weile nach. „Das Kigo im zweiten Haiku ist ‚heißer Tag'. Man erkennt daran den Sommer. Es könnte", überlegte Nashi

Und er spürte, wie er so selber ein Teil
des Baumes, des Schmetterlings,
der Landschaft, der Sonne wurde.

San weiter, „aber auch ‚Zirpen der Zikaden' sein, weil die Zikaden gerade im Sommer besonders laut zirpen. ‚Herbstwind' ist das Kigo im dritten Haiku und ‚Wintermorgenschnee' das im vierten", fügte Nashi San hinzu. „Was wäre denn hier wohl das Kigo?" Der Kranich wies mit dem Schnabel zum Frühlingsfenster.

Der Anblick vor dem Frühlingsfenster hatte sich inzwischen ein wenig verändert. Statt des blühenden Apfelbaums neben dem zerstörten Haus sah Nashi San jetzt nahe der Grenze zum Sommer etwas anderes: einen schwärzlichen, abgestorbenen Baum mit einem blauen Schmetterling davor. ‚Schmetterling!' überlegte Nashi San nicht lange. „Am Ende des Frühlings, kurz vor Sommerbeginn, sieht man Schmetterlinge am häufigsten."

Lange und eingehend betrachtete er den Baum, den Schmetterling, die Landschaft, die aufgehende Sonne. Und er spürte, wie er so selber ein Teil des Baumes, des Schmetterlings, der Landschaft, der Sonne wurde.

Der Baum war nicht mehr nur Baum — schwarzer, starrer, hoher, hohler, toter Baum. Er wurde zum Symbol für den Glasmenschen. Und der Schmetterling erschien ihm nicht mehr nur als Schmetterling, sondern als ein buntes, sich bewegendes, kleines Wesen voller Leben, wie er selber es war, ein Wesen, das tanzte! Der Schmetterling als Gegensatz zum Glasmenschen. Und die aufgehende Sonne, deren Schein Himmel und Landschaft erfüllte? Sie war jetzt für ihn Botschafterin erwachender Hoffnung, Hoffnung auf Leben und Lebensneubeginn, mit ihrem Licht und ihrer Wärme. „Ein Licht und eine Wärme, die die Glasmenschen von innen brauchten, um wieder zu leben", dachte Nashi San. Und er wußte jetzt, daß er fest entschlossen war, ihnen beides zuzuführen. Er konnte sich zwar noch nicht vorstellen, wie. Aber er wußte, daß es gelingen mußte. Und in diesem Glauben schrieb er das folgende Haiku:

> Die Sonne geht auf –
> vor dem starren, schwarzen Baum
> schwebt ein Schmetterling.

Im selben Augenblick wurde die Hütte, in der es trotz der vier Fenster plötzlich stockdunkel geworden war, von einem Blitz taghell erleuchtet. Krachender Donner folgte. Beide eilten zum Sommerfenster. „Ein kleines Sommergewitter", beruhigte der Kranich Nashi San, der sich dicht an ihn drängte, „kein Grund zur Aufregung." Wieder zuckte ein Blitz auf und erhellte den ganzen Himmel vor ihnen.

„Weißt Du, wie so ein Blitz entsteht?" fragte Takeru, um Nashi San ein wenig abzulenken. „Nicht genau", antwortete Nashi San noch immer etwas ängstlich. „Es ist ganz einfach. Zwei Luftschichten prallen zusammen, eine wärmere und eine kältere. Und in dem Moment, in dem sie zusammenprallen, entsteht ein Blitz. Du kannst diesen Vorgang mit dem Lesen eines Haiku vergleichen. Denk an das Haiku vom Frühlingsfenster. In dem Moment, in dem Du die beiden Gegensätze ‚blühender Apfelbaum‘ und ‚zerstörtes Haus‘ miteinander verbindest, erkennst Du den tieferen Sinn, der im Haiku liegt: Der blühende Apfelbaum erscheint plötzlich als Sinnbild für Frieden und Lebensneubeginn. Es ‚blitzt‘ sozusagen in Deinem Kopf. Dir geht schlagartig ein Licht auf, weil Du die Einheit, das Einssein der scheinbaren Gegensätze, erkennst.“

Das Gewitter war inzwischen abgezogen, und beide setzten sich. Nashi San dachte über das nach, was der Kranich ihm erzählt hatte. Es war wieder dunkel in der Hütte. „Mit dieser Klause“, fuhr Takeru leise fort und holte eine Kerze herbei, „ist es wie mit dem Kopf des Menschen – und des Glasmenschen“, setzte er flüsternd hinzu. „Es ist ganz dunkel darin. Doch man kann dieses Dunkel erhellen.“ Er stellte die Kerze in die Mitte des Raumes. Sie strahlte Licht und Wärme aus. Takeru schaute in den Schein der Kerze und sagte: „Haiku schreiben heißt: ein Licht anzünden.“

Die Erlösung der Glasmenschen

Nashi San blickte noch eine ganze Weile in das Licht der Kerze. Dann stand er auf. Ja, das war es! Das war der Weg, den Glasmenschen die Augen zu öffnen. Ihnen das wache Sehen zu vermitteln, das Sehen mit dem Herzen, das lebendige Sehen. Er würde Haiku für sie schreiben. Sie würden Blitze in ihnen entfachen, Blitze des Erkennens. Es würde hell werden in ihren Köpfen – und in ihren Herzen. So hell und so warm, daß ihr erstarrtes Herz schmelzen würde. Sie würden die Sonne innerlich fühlen.

Was hatte der Kranich gesagt? „Das einzige, was sie wirklich aufmerksam ansehen, sind Buchstaben. Sie lesen gern." Und dann hatte er gesagt, daß man ihnen etwas von Menschenhand Geschriebenes geben müßte, von jemandem, der fest an die Erlösung der Glasmenschen glaubte. Und das tat Nashi San.

Er überlegte. Schade, daß er ihnen das Apfel-Experiment nicht vorführen konnte. Er hätte ihnen so gern den Stern im Apfel gezeigt. Der Kranich schien zu wissen, was Nashi San überlegte, denn er sagte nur: „Schreib ein Haiku darüber!" – „Es ist aber doch nicht dasselbe wie mit dem Apfel", wandte Nashi San ein. „In ihn konnte ich hineinsehen und den Stern in seinem Innern erblicken."

Der Kranich lächelte. „Es ist zwar nicht dasselbe, aber doch das gleiche. Es läuft auf ein und denselben Sinn hinaus. In jedem Haiku gibt es ein ‚Kireji', ein Schneidewort. Das Schneidewort ist wie ein Messer. Es schneidet das Haiku in zwei Hälften und fordert den Leser auf, einen Moment innezuhalten. Das ist derselbe Augenblick, in dem die Biene Haru die beiden Apfel-Hälften auseinandernahm. Und so, wie Du in das Innere des Apfels schaust, trittst Du gedanklich in das Haiku ein. Du betrachtest es von innen, vertiefst Dich in seinen Inhalt, bis es blitzt, bis Dir ein Licht aufgeht und Du seine Botschaft erkennst – den Stern, wie im Innern des Apfels."

Nashi San hatte aufmerksam zugehört. Der fragende Ausdruck in seinen Augen war einem Staunen gewichen. Er ahnte, daß das, was der Kranich mit einfachen Worten beschrieb, zu den großen Zusammenhängen des Lebens gehörte.

Doch er hatte jetzt anderes im Sinn, als weiter darüber nachzudenken. Es galt, die Glasmenschen zu erlösen, und mit diesem Vorsatz schrieb er das folgende Haiku:

Helle Herbstsonne –
doch im Innern des Apfels
leuchtet auch ein Licht!

Plötzlich donnerte es. Nashi San fuhr zusammen. Diesmal hatte es nicht
geblitzt. Doch der Donner war so gewaltig, daß die Wände der Hütte bebten.
Nashi San blies die Kerze aus und blickte erschrocken zum Kranich. Der
winkte ihn zum Winterfenster. Vor Schreck waren die beiden Vögel davon-
geflogen. „Der Krach", erklärte Takeru, „kommt von den Waggons dort drüben. Sie werden mit einem festen Ruck angeschoben. Dabei prallen sie auf-
einander und schließen den Kopplungsmechanismus. So brauchen die Waggons nicht einzeln von Hand aneinandergekoppelt zu werden. Gerade ist ein
neuer Trupp von Glasmenschen angekommen. Sie werden gleich verladen
und in die einzelnen Regionen des Gartens gebracht."
Neugierig spähte Nashi San durchs Winterfenster. Jenseits des Schneefeldes, hinter der kleinen Pforte, auf der er vorhin gesessen hatte, stand
bewegungslos eine dunkelgekleidete Gruppe. Im Vordergrund sah Nashi San
eine einzelne hohe, schwärzliche Gestalt. Unwillkürlich mußte er an den
hohen, schwarzen Baum mit dem Schmetterling denken.
„Die Glasmenschen, die Du dort siehst", unterbrach Takeru Nashi Sans
Gedanken, „haben sich in den Waggons die dunklen Gewänder überge-

71

streift, damit man sie sehen kann. Sie werden in der Winterregion bleiben."
Nashi San versuchte, die Gestalten genauer zu erkennen. Ihr Haar war weiß
wie Schnee, und sie sahen so starr und leblos aus wie die dunklen, hohen
Bäume, unter denen sie sich aufhielten.

„Kommen denn alle Glasmenschen hierher in den Garten der Vier Jahreszeiten?" wollte Nashi San wissen. „Natürlich nicht!" rief der Kranich und plusterte sich ordentlich auf. „Wo denkst Du hin! Der Garten wäre bald übervölkert.
Nein, nein, die meisten von ihnen bleiben draußen. Einlaß finden nur die, die
sich insgeheim wünschen, anders zu sein und anders zu sehen. Glasmenschen, die noch träumen können." Er verstummte.

Nashi San merkte, daß Takeru nicht weitersprechen wollte und blickte zum
Fenster. Dort, wo die Drossel gesessen hatte, stand jetzt ein hoher, schwarzer Blumentopf, in dem ein kleines, grünes Pflänzchen keimte und sproß.
Nashi San konnte sich nicht von dem Anblick lösen. Der Topf erinnerte ihn
an den hohen, hohlen schwarzen Baum – und an die Glasmenschen. Ob
vielleicht eine innere Verbindung zwischen dem Blumentopf und den Glasmenschen bestand? Ihm erschien das Ganze wie ein Gleichnis, und er
schrieb mit diesem Gefühl das folgende Haiku:

> Kalter Wintertag –
> im hohen, schwarzen Topf keimt
> ein grünes Pflänzchen.

Ihr Haar war weiß wie Schnee,
und sie sahen so starr und leblos aus
wie die dunklen, hohen Bäume.

Nashi San zeigte Takeru das Haiku. „Kalter Wintertag – keimendes Pflänzchen", schnarrte der Kranich versonnen, „Leben erwacht im Winter …" Und zu Nashi San gewandt: „Bravo! Großartig!" Doch Nashi San hörte die Lobesbekundungen des Kranichs kaum. Er überlegte jetzt angestrengt, wie er den Glasmenschen seine Haiku zu lesen geben könnte: das vom Baum, vom Apfel, vom Blumentopf und auch das Gedicht, das er nach dem Haiku vom Frühlingsfenster geschrieben hatte. Er sah Takeru fragend an. „Ich habe Dir vor unserem Abflug eine Frage gestellt", sagte der Kranich. „Hättest denn Du den Willen, Dich dem Frost, dem Eis und dem Schnee entgegenzustellen? Du hast diese Frage mit einem Ja beantwortet. Nun stehe auch zu Deinem Ja und geh' hinaus in den Winter! Es wird Dir nichts geschehen. Du bist durch den Jahreszeitenanzug und durch Dein langes Haar geschützt. Außerdem bin ich hier und werde Dir im Notfall zu Hilfe kommen. Hier hast Du noch ein paar warme Handschuhe, die Dir nicht unbekannt sein dürften."
Nashi San nahm die Handschuhe entgegen, die er als seine eigenen erkannte. Doch er hatte längst aufgehört, sich zu wundern. Außerdem war er viel zu aufgeregt, um noch Fragen zu stellen. Er wollte jetzt hinaus zu den Glasmenschen.
Als Nashi San ins Freie trat, wehte ihm ein eisiger Wind entgegen. Er hielt die Blätter mit seinen vier Haiku noch fester in seiner rechten Hand. Von hier aus konnte er die dunkle Gruppe unter den Bäumen nur ganz schwach erkennen. Doch weiter vorn, nahe bei den hohen, dunklen Waggons sah er

74

jetzt deutlich einige schwärzliche Gestalten und hörte Stimmen, die aus dem Innern der Abteile zu kommen schienen. Wortfetzen drangen herüber. Nashi San meinte, „Herbst", „Sommer" und „Frühling" zu hören, und sah, daß zwei einzelne Gestalten sich langsam auf ihn zubewegten, ihn offenbar aber noch nicht bemerkt hatten. Kein Wunder, er war ja auch nur so groß, wie der Daumen seiner rechten Hand. Und außerdem war es auch möglich, daß die Glasmenschen ihn übersahen oder ihn für ein welkes Blatt hielten.

Nashi San erkannte jetzt, daß es sich bei den beiden Gestalten um einen Mann und eine Frau handelte. Beide folgten den Bahngleisen in Richtung Herbst, gingen aber nicht gemeinsam, sondern jeder für sich. Vielleicht sollten oder wollten sie sich hier aufhalten, während die anderen Glasmenschen mit dem Zug in die übrigen drei Gartenregionen gebracht wurden, schloß Nashi San aus dem Wenigen, das er gehört hatte. Er blickte zu den Gleisen, die wenige Meter vor ihm lagen und nach links in den Herbst führten, von da in den Sommer und von dort aus in den Frühling. Das hatte ihm der Kranich erzählt. Der Zug mußte also direkt an ihm vorbeifahren.

Als Nashi San die Gleise erreichte, staunte er, daß auch hier kleine Blumen zwischen den Eisenbahnschienen wuchsen. Doch es lag kein Sonnenlicht in ihnen, sie waren dunkel und wirkten leblos. Nashi San zog seinen Handschuh aus, um sie anzufassen, und legte die vier Haiku-Blätter in den Schnee. Aber ehe er sie mit etwas Schnee beschweren konnte, trug der Wind eines von ihnen über die Bahngleise und wehte es der männlichen

Gestalt direkt ins Gesicht. Es war das Blatt mit dem Haiku von der kleinen grünen Pflanze, die eine gewisse Ähnlichkeit mit den kleinen Blumen vor ihm hatte.

Der Glasmensch stutzte, nahm das kleine Blatt von seinen Augen und wollte es gerade wegwerfen, als er sah, daß Buchstaben darauf geschrieben standen. Er drehte sich um, so daß Nashi San sein ausdrucksloses, wie tot wirkendes Gesicht sehen konnte, und las. Er sah kurz auf und las dann abermals. Offenbar dachte er nach. Er las ein drittes Mal. Ein schwacher Sonnenstrahl brach durch die Wolkendecke und hauchte die kleinen Blumen rosig an. Gespannt beobachtete Nashi San das Gesicht des Mannes. Plötzlich wurden zwei leuchtende Punkte darin sichtbar. Es waren die Augen des Mannes. Dann ging ein Leuchten über sein Gesicht, und eine ruckartige Bewegung durchfuhr seinen ganzen Körper. Es sah aus, als sei er vom Blitz getroffen. Er griff sich ans Herz und schaute zur Sonne. Nashi San sah, daß der Mann weinte.

Wenig später rief der Mann mit weicher Stimme die Frauengestalt zu sich. Diese drehte sich abrupt und offenbar überrascht um. Sodann ging sie mit steifen Schritten zu dem Mann, dessen ganze Haltung sich schlagartig verändert hatte. Mit einer weichen Bewegung legte er den Arm um sie und hielt ihr das Blatt mit dem Haiku vor die Augen. Sie schüttelte seinen Arm ab, war aber wohl doch gespannt zu lesen, was auf dem Blatt geschrieben stand. Nashi San konnte ihr Gesicht nicht erkennen, da beide in die andere Rich-

Wärme und Licht
von innen.

tung schauten. Doch an der ruckartigen Bewegung, die jetzt auch durch den Körper der Frau ging, und an ihrem glockenhellen, sanften Lachen erkannte er, daß auch ihr eisiges Herz geschmolzen sein mußte. Sie schluchzte. Beide, der Mann und die Frau, weinten und lachten zugleich. Sie waren wieder zu Menschen geworden, zu Menschen aus Fleisch und Blut, zu Menschen mit Herz.

Nashi San nahm all seine Kraft zusammen und mühte sich durch den Schnee zu den beiden Menschen hinüber, um ihnen die drei anderen Haiku zu Füßen zu legen. Die Frau hob Nashi San auf, der Mann die drei Blätter mit den Haiku und las sie mit warmer Stimme mehrmals vor.

Nashi San spürte die Freude, die von diesen beiden Menschen ausging. „Wärme und Licht von innen", dachte er bei sich und sah, daß der Kranich das Geschehen von Ferne genau beobachtete. Nashi San deutete auf die Hütte und erklärte den beiden, daß dort noch andere Haiku zum Lesen bereitlägen, passend zu jeder der vier Jahreszeiten. Ob sie nicht die Glasmenschen unter den Bäumen und aus den Waggons dorthin führen wollten, fragte er sie. Der Mann und die Frau stimmten mit leuchtenden Augen zu. Und während Nashi San zurück zur Hütte ging, eilte das Paar in die andere Richtung.

Nashi San und Takeru brauchten nicht lange zu warten. Vom Winterfenster aus sahen sie eine Traube von Glasmenschen kommen, angeführt von dem Menschenpaar.

Und sie erkannten,
daß sie so nicht nur sahen, daß sie sahen,
sondern auch, was sie sahen.

Sie stellten sich in mehreren Reihen vor dem Winterfenster auf. Nashi San hatte inzwischen die Blätter mit den Haiku der Jahreszeitenfenster davor ausgebreitet, beschwert mit etwas Schnee, so daß sie nicht wegfliegen konnten. Bevor die Glasmenschen zu lesen begannen, reichten der Mann und die Frau jedem nacheinander die vier Haiku von Nashi San. Und was dieser vorhin von Ferne erlebt hatte, ereignete sich nun unmittelbar vor seinen Augen: die Erlösung der Glasmenschen.

Der Kranich freute sich mit Nashi San, so viele Haiku lesende Menschen vor sich zu sehen. Er lud alle ein, in die Hütte zu kommen, um durch die vier Jahreszeitenfenster zu schauen. Neugierig standen sie vor den riesigen, augenförmigen Vergrößerungsgläsern und waren nicht wenig erstaunt über das, was sie auf diese Weise alles entdeckten: aus der Nähe, aus der Nashi San gelernt hatte, die Natur zu sehen. Und sie erkannten, daß sie so nicht nur sahen, daß sie sahen, sondern auch, was sie sahen.

Der Kranich erinnerte Nashi San nun daran, daß er der Biene Haru versprochen hatte, ihn wieder zurück in den Sommer zu bringen. „Wie wäre es", schlug Nashi San vor und wandte sich dabei auch an die anderen, „wenn wir gemeinsam mit dem Zug in den Sommer führen?" Alle stimmten zu, und es wurde vereinbart, daß der Kranich voranflog. Im Zug, dessen Waggontüren während der Fahrt offenblieben, erzählte Nashi San von seinen wundersamen Abenteuern im Garten der Vier Jahreszeiten und versuchte, den Menschen die Geheimnisse des Haiku-Schreibens nahezubringen.

Die vier Haiku aus der Hütte hatte Takeru zuvor wieder an deren Fenstern befestigt, Nashi San jedoch geraten, seine vier eigenen Haiku bei sich zu behalten. Und das aus gutem Grund. Denn überall, wo die Gesellschaft während der Fahrt unerlöste Glasmenschen entdeckte, hielt der Zug an und ließ sie einsteigen, um diese sodann durch das Lesen der Haiku in erleuchtete Menschen zu verwandeln.

Als der Zug nach einem kurzen Umweg über den Frühling im Sommer eintraf, gab es ein herzliches Wiedersehen mit der Biene Haru. Nachdem sie Nashi San begrüßt hatte, hieß sie auch alle anderen Besucher willkommen und lud sie zu einem kleinen Sommerfest ein. Da die Menschen noch immer ihre dunklen, unförmigen Mäntel trugen, hatte sie für die Männer elegante Gewänder herbeibringen lassen und für die Frauen kostbare Kleider. Man unterhielt sich, lachte, und als die Musik zu spielen begann, gesellten sich auch die Kinder aus dem Frühling dazu. Ein Junge trompetete. Die anderen umarmten sich und tanzten miteinander in der Form einer Lilie.

Sie bewegten sich auf die Erwachsenen zu. Auch sie tanzten nun paarweise, gleich der Gestalt einer Blume. Die Frauen trugen im Haar eine weiße Lilie. In ihren prächtigen Kleidern glichen sie Schmetterlingen, die federleicht dahinschweben.

Die Kinder aus dem Frühling
umarmten sich und tanzten.

Auch die Glasmenschen,
starr sonst,
heute tanzen sie.

„Die Sonne geht auf – vor dem starren, schwarzen Baum schwebt ein Schmetterling", fiel Nashi San das Haiku wieder ein. „Wintermorgenschnee", dachte er weiter, „auch die Glasmenschen, starr sonst, heute tanzen sie!" Er lächelte. Die Erlösung der Glasmenschen war gelungen. „Heute tanzen sie!" wiederholte er summend. „Und sie tanzen nicht im Wintermorgenschnee, sondern im Sommersonnenschein", ergänzte die Biene Haru und schaute Nashi San mit ihren großen Facettenaugen an, aus denen ihm das Sonnenlicht entgegenströmte. „Es ist Sommer. Das Ziel ist erreicht. Auch Dein zweiter Wunsch hat sich erfüllt. Du hast Wesentliches gefunden. Und ich weiß, daß Du schon jetzt ein großer Dichter bist." Dabei wies sie auf den Kreis tanzender Menschen.

Nashi San war glücklich. Ihm war, als würde die Sonne direkt in sein Herz scheinen.

Was ist Traum, was Wirklichkeit?

Das Letzte, was Nashi San sah, war, daß alle ihm zuwinkten. Dann spürte er, wie es in seinen Gliedern zog und sich dehnte, als würde sein Körper in Windeseile wachsen. Er rieb sich die Augen. Als er sie öffnete, blickte er auf einen glimmenden Holzscheit. Das Feuer hatte offenbar die ganze Nacht hindurch gebrannt. Mit einem leisen Zischen erlosch jetzt die Glut. Ihr Leuchten ging über in den ersten Schein der Morgenröte.

Nashi San betastete sich. Ja, er trug seine alte Kleidung. Er sah sich um. Die Bäume waren genauso groß wie immer, und auch die hohe Mauer unterhalb der Feuerstelle sah ebenso verschlossen aus wie zuvor. Keine Tür war mehr da, nicht einmal die drei hinabführenden Stufen. – Hatte er geträumt?

Er stand auf. Seine Glieder waren ein wenig steif geworden vom Liegen auf dem harten Boden. Vorsichtig reckte er sich. Dabei fühlte er den kleinen

Schlüssel in seiner Jackentasche, zog ihn heraus und betrachtete ihn. Der Schlüssel hatte ihm den Weg durch die große Mauer in das Innere der Dinge erschlossen. Sorgfältig steckte er ihn wieder ein. Er würde ihn aufbewahren.

Als Nashi San über das weite Schneefeld schaute, überkam ihn die Erinnerung an die Ereignisse der Nacht so stark, daß er einen Moment lang meinte, wieder im Garten der Vier Jahreszeiten zu sein.

Doch die Hütte am Ende des Schneefeldes war nicht mehr da. Er erblickte statt dessen den Berghang, wo sein Heimatdorf lag und sein Vater auf ihn wartete.

Der Gedanke an seinen Vater trieb Nashi San zur Eile. Sicher machte er sich Sorgen wegen seines langen Ausbleibens. Doch er würde ihm alles erzählen, und er würde von nun an gemeinsam mit ihm dichten. Denn was hatte die Biene Haru ihm zum Abschied gesagt? „Ich weiß, daß Du schon jetzt ein großer Dichter bist." Schade nur, daß er kein einziges Haiku aufgeschrieben hatte. Ganz in Gedanken holte er aber doch sein kleines Notizbuch hervor – und hielt erstaunt inne. Die vier Gedichte, die er geschrieben hatte, waren sorgfältig darin eingetragen. – Hatte er doch nicht geträumt?

Im Grunde war es gleich, hatte sein Vater ihm einmal gesagt, ob alles nur ein Traum sei oder Wirklichkeit. Das Entscheidende sei, daß die Sonne schien und daß wir sehen, was wir sehen. Und das konnte er nun. Ja, er war – wie sein Vater ihm geraten hatte – der Sonne durch die vier Jahreszeiten gefolgt, er hatte sie in sich aufgenommen – und gesehen!

Hatte er doch nicht
geträumt?

Nashi San blickte zur Sonne, die wie ein großer roter Ball am Rande des Schneefeldes lag. Zu seiner Rechten war sie untergegangen. Nun erhob sie sich langsam zu seiner Linken, und ihm war, als sei sie in dieser einen Nacht einmal durch ihn hindurchgegangen. Er wußte, er hatte die Sonne gefunden. Ihm würde nie mehr kalt sein. Träumend zog er mit seinem Feuerholz heim.

Eingeschneit das Tal –
nur die Sonne erklimmt leicht
Gipfel um Gipfel.

Nachwort

Ein Märchen, heute? „Sonnensuche"? Nach wenigen Zeilen zeigt sich überdies, daß das Märchen in einem fernen Japan spielt. Paßt das in unsere Welt, heute?

Ein Knabe, Holzfällerkind auf den ersten Blick, wird aus winterlicher Verlassenheit befreit. Eine Biene und ein Kranich tragen ihn durch den Garten der Vier Jahreszeiten. Er begegnet den kaltherzigen, beklagenswerten Glasmenschen. – Östliche und westliche Märchenmotive verschmelzen beinahe unmerklich, auch in der „Erlösung" am Ende, die zu jedem Märchen gehört.

Gedichte geben diesem Märchen ein unverwechselbares Wesen. Sie folgen einer ganz eigentümlichen Form: drei Verse zu fünf, sieben, fünf Wortsilben, ohne Reim – das klassische japanische Kurzgedicht Haiku. Über das Haiku sagte der bedeutende Japanologe Horst Hammitzsch, es enthalte „die Wahrheit im Sinne der Erkenntnis; eine Wahrheit, die in allen Dingen liegt, eingebunden ist in das kosmische Geschehen, in den ewigen Kreislauf eines Werdens, Reifens und Vergehens". Solche Haiku werden in diesem Märchen nicht einfach aufgesagt. Ihre Entstehung ist untrennbar mit dem Fortgang der Handlung verknüpft.

Auf den zweiten Blick stellt sich heraus, daß der vermeintliche Holzfällerknabe ein Sohn des berühmten Haiku-Dichters Bashō (1644 – 1694) ist. Neben der „Wahrheit im Sinne der Erkenntnis", die der Sohn an der Natur erfährt, begreift er gleichzeitig die Wahrheiten, welche das Leben seines Vaters bestimmten. Von der Außenschau gelangt er zu innerer Berührung. – Die Wahrheiten der Psychologie liegen bei Märchen tief unter den Schriftzeichen.

Wie bei allen Märchen verbergen sich auch in diesem unter der ruhig erzählenden Oberfläche Bereiche, die sich schwer ermessen lassen – zumal in der heutigen Welt: Der unbefangene kindhafte Blick auf die Natur ging verloren. Das unverhaftete Gefühl des Einsseins mit größeren Zusammenhängen, dem Universum etwa, ist für den Menschen von heute dahin. Jedem haftet der „Verlust der Mitte" an. Die Sehnsucht danach blieb, und solche Sehnsucht muß nicht schmerzen und quälen. Sie mag sich Wege zu ihrer Erfüllung suchen. Das Haiku ist ein solcher Weg. Der große Bashō riet seinen Schülern: „Um Haiku zu schreiben, werde ein drei Fuß großes Kind".

Das Haiku blieb in Japan bis heute ein Mittel, die eigene Identität im anderen – in Mensch, Natur und Kosmos – festzustellen, augenblicksweise – in Augenblicken freilich, deren Kraft und Erkenntnis die Tage verändert und die Jahrhunderte durchströmt, seit den großen Anfängen bei Bashō. Alljährlich werden in Japan Millionen Haiku geschrieben und veröffentlicht. Abermillionenfach heben sie dort die bestürzende Entfremdung des Menschen von sich selbst und anderen auf.

Das deutsche Märchen „Die Sonnensuche" lehrt, ganz nebenbei, die äußeren und inneren Gesetze des Haiku. Damit verweist es auf die Möglichkeit, diesen japanischen Weg zu erproben, augenblicksweise den unverwechselbar eigenen Blick auf die Dinge zu finden: die Wahrheiten der Augenblicke. Märchen enthalten oft eine ganz praktische Nutzanwendung. „Lernt Haiku dichten!" rät dieses Märchen. Eine weitere Dimension des Textes!

Sabine Sommerkamp, die diesen Märchentext schrieb, hat vorher schon zahlreiche Haiku gespürt, gesehen, erkannt, verfaßt. Eine Auswahl versammelt der Band „Lichtmomente" von 1989. In mehreren Ländern gehört sie den nationalen Haiku-Gesellschaften an, denn Haiku werden mittlerweile in allen großen Kultursprachen geschrieben, und Sabine Sommerkamp hat viel zu deren Verbreitung beigetragen. Ihre Doktorarbeit untersucht den „Einfluß des Haiku auf Imagismus und jüngere Moderne" in der englischen und amerikanischen Lyrik. In Amerika gehört das Haiku-Dichten mancherorts schon beinahe in den Alltag.

In der Firmenzeitschrift eines großen Hamburger Wirtschaftsunternehmens veröffentlicht Sabine Sommerkamp am Ende jeder Ausgabe ein Haiku, gleichsam als Hausmitteilung der Redaktion. Sie zeigt damit, welchen Lebensort und welche Lebensbedeutung sie solchen Versen zumißt: Alltagsbewältigung, nicht zuletzt. Ihr letztes Haiku dort lautet:

91

Durch die Winternacht
das Brechen eines Astes –
Stille wie zuvor.

Ein kahler Ast ist auch am Anfang der „Sonnensuche" zu erblicken. Die Geheimnisse zwischen den Worten läßt jedes wahre Haiku ahnen.

Am Ende dieses Märchens steht ebenfalls eine Erkenntnis, eine Wahrheit. Diese aber erscheint nicht als eine des Augenblicks, sondern als eine Menschheitserkenntnis: die Wirklichkeit als Traum, der Traum als Wirklichkeit. – Vielleicht ist das ganze Märchen ein einziges Haiku. Ein Haiku-Märchen ist es jedenfalls.

Hans Stumpfeldt

Professor Dr. Hans Stumpfeldt ist Direktor des Seminars für Sprache und Kultur Chinas an der Universität Hamburg.

Anhang

Bashō, Matsuo: (1644 – 1694) gilt als der bedeutendste japanische Haiku-Dichter und Begründer der traditionellen japanischen Haiku-Poetik.

Biene Haru: „Haru" = dt. „Frühling", „Fröhlichkeit", japanischer Vorname

Hachi: dt. „Biene"

Haiku: Das traditionelle japanische Haiku ist die kürzeste aller lyrischen Formen, die in der Weltliteratur jemals zu Bedeutung gelangten. Seine Wurzeln reichen bis zu den Anfängen der japanischen Poesie zurück. Maßgeblich unter Matsuo Bashō erhielt das Haiku im 17. Jahrhundert sein bis heute gültiges Gesicht als ein naturbezogenes Gedicht, bestehend aus 17 Silben in der dreiversigen Aufteilung von 5/7/5 Silben, das im Leser ein plötzliches Erkennen auslöst. Kern des Haiku ist das *Kigo* (dt. „Jahreszeitenwort"), das den Bezug zu einer der vier Jahreszeiten herstellt und den Symbolgehalt des Gedichtes bedingt. Einen weiteren Bestandteil des Haiku bildet das *Kireji* (dt. „Schneidewort"), die Pause nach dem ersten oder zweiten Vers.

Das Schreiben von Haiku gilt nicht nur in Japan als eine Art von „Volkssport" (z. Z. gibt es dort über 600 Haiku-Zeitschriften mit einer jährlichen Publikation von über 5 Mio. Haiku), sondern seit Anfang der 70er Jahre zunehmend auch im Westen. In den „Primary Schools" der USA beispielsweise ist es mittlerweile die am meisten gelehrte Form von Kurzlyrik, in der Bundesrepublik Deutschland wächst die Haiku-Verbreitung, in mehreren Städten gibt es inzwischen auch Haiku-Gesellschaften. Haiku werden heute in allen großen Sprachen der Welt geschrieben.

Kagami: dt. „Spiegel"

Kaiser Go Daigo: (1288 – 1339), 96. Tenno, regierte Japan von 1318 bis 1339.

Kegon-Wasserfall: Der bei Nikko (Honshu) gelegene, waldumgebene, 97 Meter hohe Wasserfall von Kegon gehört zu den erlesenen Landschaftsbildern Japans. Wegen seiner Schönheit wurde er oft von Malern porträtiert, in Gärten nachgeahmt und in Gedichten verherrlicht.

Konnichi-wa: dt. „Guten Tag"

Kranich Takeru: „Takeru" ist der Name eines Helden aus dem „Kojiki" (dt. „Berichte über Begebenheiten im Altertum"), der Chronik des japanischen Reiches aus dem 7./8. Jahrhundert. Sie gilt als ältestes Denkmal der japanischen Literatur.

Monsun: Jahreszeitlicher Wind aus regelmäßig wechselnder Richtung. Monsune entstehen durch die Temperaturunterschiede über dem Festland und dem Meer.

Nashi: Frucht aus Ostasien, die wie ein gelber Apfel aussieht, mit ihrem festen, leicht körnigen Fruchtfleisch jedoch eher wie eine etwas wäßrige Birne schmeckt.

Nashi San: dt. „der kleine Herr Nashi", fiktiver Sohn Matsuo Bashōs

Niku isshō: dt. (sinngemäß) „eine Ganzheit, die aus zwei Teilen besteht". Zu finden ist dieser Begriff u. a. in den Schriften von Bashō.

Nogetsu, Toyoma: (auch Rogetsu; 1666 – 1751), Nō-Lehrer und Haiku-Dichter.

Samurai: dt. „Diensttuender", ursprünglich die Bezeichnung für die Angehörigen der kaiserlich-japanischen Palastwache. Im Mittelalter bildeten sie zusammen mit den *Daimyo* den Feudaladel, wobei letztere die großen Lehnsträger und die Samurai ihre Vasallen waren.

Schlacht von Hiraizumi: In Hiraizumi, knapp 80 Kilometer nördlich von Sendai (Provinz Nishi-iwa), wurden 1189 General Yoshitsune und seine tapferen Krieger von den Truppen General Yashiras geschlagen. Eines der bekanntesten Haiku Bashōs erinnert an diese Schlacht:

> Sommergras im Wind –
> nichts weiter ist geblieben
> von der Krieger Traum.

Shiki, Masaoka: (1867 – 1902) Haiku-Dichter. Zusammen mit Matsuo Bashō, dem Maler-Dichter Yosa Buson (1716 – 1783) und dem volkstümlichen Kobayashi Issa (1763 – 1827) gehört Shiki als Begründer einer modernen Haiku-Poetik zu den vier großen Haiku-Meistern Japans.

Tsuru: dt. „Kranich"

Vom kahlen Baume
fliegt die Krähe krächzend fort —
Wintereinsamkeit.

Sabine Sommerkamp, geb. 1952; Studium der Germanistik, Anglistik/Amerikanistik, Erziehungswissenschaft, Japanologie und Vergleichenden Religionswissenschaft; 1984 Promotion zum Dr. phil. („Der Einfluß des Haiku auf Imagismus und jüngere Moderne"); Veröffentlichungen im In- und Ausland; mehrere Literaturpreise. Derzeit stellvertretende Leiterin der Abteilung Presse und Public Relations in einem großen Hamburger Wirtschaftsunternehmen.

Irene Müller, geb. 1941; Malerin und Grafikerin; Studium der Bildhauerei und Malerei, Tanzstudium; zahlreiche Ausstellungen im In- und Ausland.

CIP-Titelaufnahme der Deutschen Bibliothek

Sommerkamp, Sabine:
Die Sonnensuche: von Glasmenschen, Eiszeiten und der
Macht der Poesie / Sabine Sommerkamp. –
Freiburg i. Br.: Christophorus-Verl., 1990
ISBN 3-419-50917-0

© 1990 by Christophorus-Verlag GmbH, Freiburg i. Br.
Alle Rechte vorbehalten
Umschlaggestaltung: Michael Wiesinger, Freiburg i. Br.
Reproduktionen: Scan-Studio Hofmann, Freiburg i. Br.
Fotosatz: F. X. Stückle, Druck und Verlag, Ettenheim
Herstellung: Freiburger Graphische Betriebe, Freiburg i. Br.